U0006512

黃越綏的高齡快樂學：

「老」就是這麼一回事！

當大家都在好奇追問著：「人老了，到底是怎麼一回事？」
正是我寫此書的動機，且倚老賣老的分享。
老了，原來不過就是這麼一回事。

黃越綏 著

目錄
CONTENTS

RECOMMENDED

老人學系的最佳教材

前總統府資政　彭明敏教授

一九九二年回國不久，就聽到黃越綏的名聲。她講笑話，滿堂爆笑；她講性感幽默，大家會心的微笑。聽者愛護她，送給她一個有色彩的愛稱：「黃教授」。與她接觸，絕不是一些人可能以為是天天想笑話的樂天家，而是一位認真憂國憂民、深考國政的思想家。二〇一一年，史明和我曾推舉她為總統候選人，因資金和票數不夠，沒有成功。

喜歡與她聊天，嚴肅中帶有幽默，在幽默中含蓄睿智，獲益良多。她前一本著作《黃越綏的意外人生》根據她不平常的生涯，敘述她獨特的人生觀。此新書的原書名竟是《老就是這麼一回事》，我看了嚇了一跳，她什麼時候老到可以談「老」？此書讀起來老弱男女皆宜，老者可在不安焦慮感慨之中，再以理性思考。與老人同居的年輕者可以較了解老人的心態，不與老人同居者應收藏起來，到了初老時拿出來一讀，準備入老，不論男女都對女性生理有所啟蒙。

必須記述的，她默默地獻身慈善設立基金會，收容無依的女性和弱勢家庭的兒童，給與寄宿和溫暖，德業不少。

現在許多美國大學增設「老人學系」，學生不少。我不知道他們在教什麼，但無論如何，本書應該是「老人學系」教授和學生絕佳的教材。

黃越綏，我敬佩您。

推薦序 RECOMMENDED

靚妹仔黃老師——解年老之惑

律師／知名節目主持人 謝震武

黃越綏老師出書了！我相信這是很多讀者引領期盼的事，當我拿到全書原稿時，也懷著興奮之情，趕緊拜讀！但一看到原書名就傻了，《老就是這麼一回事》？黃越綏老師？如果她寫婚姻、寫感情、寫親子、寫情緒管理，你都會覺得太應該了，說誇張點，黃老師就算寫火星上的人臉圖，或新冠肺炎對全球經濟的影響，我都不意外，但就是這個「老」字，怎麼都和她搭不上邊！

老的古字「[illegible]」就是佝僂著身體、拄個枴杖的人！你說這跟黃越綏老師有啥關係？就算《說文解字》：「七十為老」，但我雖然不是確切知道黃老師的真實芳齡（她在節目提過，此處略過）但只要是認識她的人都知道，生理上的年齡對她一點影響都沒有，她根本就是個不折不扣的靚妹仔。她來寫「老」，怎麼服人！但換個角度想想，也不是離過婚的律師才能處理離婚官司，更不是殺過人的才能處理辯護殺人案件；基於黃老師細膩敏銳的社會觀察，這本書一定有獨到之處，能幫我一解年老之惑！看完之後，果不其然，不禁令我大為讚嘆——黃老師就是黃老師！

老人家為什麼會碎碎念，你知道他是空虛或可能是虛張聲勢嗎？老，總是在不知不覺中侵蝕了我們的骨、肉、心靈，要如何才能調適？年老了不能談感情、不能有肉體歡愉嗎？誰說想怎樣做就怎樣做，就是老不修？我們要如何面對自己或長輩的老年感情生活呢？黃老師在書裡告訴你，她在面臨到人生第二春的追求時，她是如何抉擇的。當時的年齡容或年輕些，但心境的轉折，也可以提供給很多有類似處境的朋友參考。年老就一定是齒搖髮禿，忘東忘西的嗎？這些情況沒有辦法改變嗎？當老人家面臨到重大疾病甚或生死交關時，該怎麼應對處理呢？透過一則則黃老師和親友及長輩的互動故事，讓你在笑淚之中明白，原來「老就是這麼一回事」！

如果你是年輕人，家中有長輩，而你一直受困於不知如何相處，那你一定要看這本書；

如果你是年輕人，家中也沒長輩要相處，那你也要看這本書，因為總有一天你會年老；

如果你已經是別人口中的老人家，你更要看這本書，因為你會知道如何把老年生活，過得多彩多姿！

喔！對了，更重要的是，黃老師說她的名片可以驅邪避鬼喔！你不信？看完這本書你就會明白了……

推薦序 RECOMMENDED

面對「老」這個自然不可避免的現象

CSA認證高級顧問　黃美惠

我是CSA（Certified Senior Advisor），在美國拿到銀髮族顧問的資格已經有十七年。

第一次聽到黃越綏的名字，是在一九九一年夏天。那年三月，我被選上NATWA（北美洲臺灣婦女會）第四屆會長。那時國民黨政府尚未廢除黑名單，許多愛鄉的海外臺灣人有家歸不得。有鑑於北美洲臺灣人教授協會於一九〇年在臺灣召開年會，引起很大的迴響，讓我考慮回臺灣開NATWA年會，希望有助於黑名單的解除。因此向NATWA「產婆」呂秀蓮徵詢講員名單，而越綏就是呂副推薦的名嘴。

此後，我回臺灣一定抽空去看她，而她因為在 NATWA 演講深受好評，有超過十年之久，都是海外臺灣人社團活動演講者被邀請的首選。擔任過 NATWA 的名譽會長，而 NATWA 每年也都有捐助她創辦的基金會。

她尊我為姊，我的另一半林富文知道她創辦「財團法人國際單親兒童文教基金會（SPSF）」，欽佩她的愛心，也喜歡她直率的個性。再說，又是他牽手可談心的知己，真的一直把她當做親妹看待。二十多年下來，我們兩家的孩子也都成了朋友。今年二月初，「鑽石公主號」因為疑有武漢肺炎傳染之慮被封船。富文與我被困在房間裡做隔離。越綏聽到這個消息，非常擔心，幾次來電問候。

人老了，病痛無孔不入，要常常激勵自己，提高抗壓力應該是越綏的由衷之言。她是小病不斷的人，幾乎每一個器官都有毛病。我認為與她秉持的「不運動」、「不節食」、「不保養」三大原則，再加上睡眠障礙有關。二十年前，我回臺灣時住她租的公寓。當我清晨起床時，卻發現她因失眠和寫稿熬夜到清晨，才剛剛要上床睡覺。

越綏與我最大的不同點在於「養生」，她愛吃的肉類我不敢吃，她卻笑我吃草，還勸我不要運動太多。剛認識的前幾年，富文與我曾一直想教她「健康之道」，但幾年後就放棄，讓她「自生自滅」了。我們都認為上天特別疼她，否則以她這種身體狀況，竟然能活超過七十歲。她有比一般正常人大好幾倍的愛心與耐力，是單親撫養出三個出色的孩子。三十年的時間，幫忙過的單親媽媽、兒童、殘障人士已數不清了。七年前，基金會又附屬成立了「麻二甲安置中心」，已收容未婚媽媽及弱勢兒童兩百多位。

為了照顧別人，犧牲了照顧自己。她是個最不愛自己的人，只因為她更愛別人，難怪城隍爺要特別召見她，相信上帝也會特別照顧她的。而她的真與幽默善說笑話的本領，讓她走到哪裡，笑聲就跟到哪裡，難怪粉絲那麼多。我跟她在南加州街上走著時，居然還有台美人把她認出來，要跟她合照。

不過話說回來，我們沒有她的大愛心，也沒有積那麼大的功德，就不要學她的三不原則：「要好好照顧自己，放慢腳步，要運動。」因為運動可使頭腦聰明，已是科學家發現的事實。更重要的，要按照她書中提起的一些注意事項來做。有機會不妨到慈善機構做義工，做善事心情愉快，與外界有互動，比較不容易得憂鬱症。

很高興她提醒大家要面對年老，也正視死亡。有勇氣跟子女討論死亡，交待後事，應該比留財產給他們更重要了。富文與我都深信，人死後靈魂就離開軀體。墳墓裡埋葬的已不是死去的人，因此我們倆都要樹葬，沒想到她也有跟我們相同的想法。

儘管她謙虛說自己不是專家，但提出的許多忠告，如果不是親身體驗，也是她輔導個案的經歷，值得採信與學習。這是本值得一讀再讀的書。她真是一個性情中人，願意把個人經歷，不管是痛苦或愉快的都亮出來。主要的用意，是要喚起大家來面對「老」這個自然、不可避免的現象。

推薦序

RECOMMENDED

生老病死的另一種態度和看見

振興醫院急診醫學部主治醫師　田知學

記得很多年很多年以前，一個深山部落的夜晚，我和父親的對話：

父：「這世界充滿許許多多的好人。」

我：「如果沒有遇到呢？」

父：「那你自己當啊！」

父：「這世界有許許多多喜歡你的人。」

我：「真的嗎？如果等不到人家喜歡我呢？」

父：「那你先喜歡別人啊！」

越綏姐就是這樣的人。第一次見面，就感受到她已經先對我滿滿的喜歡。交談中，她溢出來的溫度，讓我們的互動格外舒服、自在。

身為急診室醫師，經過專業訓練、看盡生老病死，到現在還是不敢說自己已經很懂、勇敢、或坦然。在疾病和生命終點面前，所有人都是卑微的，包括醫護。

「我準備好了！」是一種不管是家屬、病患、或醫護在面對疾病、衰老、甚至死亡時，很難得的態度。

你如何定義自己的人生？你怎麼面對疾病和衰老？如果有一天，真的要跟這世間道別了，而那一刻的方式和時間，多半都不是自己可以決定的時候，你思考過了嗎？

這本書，越綏姐像多年知心好友般地，分享她對「生老病死」、對「人生」的態度。值得細細品嚐，昇華成自己的另一種態度和看見。

前言 PREFACE

分享在慢老旅程中，身心靈的層次與發現

我個人已經進入所謂「人生七十方開始」的年紀，算是個實質的老人家。雖非高壽，但也不算夭壽。既然高齡的問題人人有責，適逢我已屆高齡，雖然不是這方面議題的專家，但我樂意趁我還沒有開始變得太衰弱，以及大腦也沒完全失智之前，把我個人在老化的過程中，身心靈方面的層次及看法，與大家分享。

因為純屬個人的經驗，當然看法也就相當的主觀。套一句我美國心臟科醫師朋友的口頭禪，他是屬於吃遍天下美食、百無忌口的人，很多人讚賞他的醫

術，卻不苟同他的生活方式。因此，他總自嘲地跟病人說：「Do what I say but don't do what I do.」（照我的話去做，不要照我做的去做。）

我書中的故事或例子，或許有太多不符合專業的論述，以及健康衛生標準，甚至可說是負面和錯誤的示範與教材。但不論我的看法或作為，被視為是頹廢還是匪類，如果人生有如一場遊戲，那麼比賽通常還得看結果。因此，恕我倚老賣老，且好歹也活了這麼一大把歲數，就算是擠不上主流社會價值的人生標靶，且很有可能還會因此招來批評或苛責。但對我而言已無所謂，因為這一生到當下出書為止，我自認為活得挺值得。

在此要特別感謝，願為我寫序及推薦拙作的諸多好友，尤其是買書的讀者們。

第一部——

從「心」認清「老」這件事

既然人老是自然的規律，
不妨學習用比較客觀的態度
來審視、面對、並接受它。
只要生命能繼續下去，
未來的歲月要真正面對的，
恐怕只會更老和更衰弱而已。
若想再見真正青春的熱與光，
絕對是來生下輩子的夢了。

高齡是社會趨勢，更是擋不住的自然現象

我已經是名副其實的老人，
但對生命仍然充滿著希望的挑戰和願望的實現。
終究人的生命是生死間起點與終點的一個歷程，
而生活態度則是每個人的自我主張。

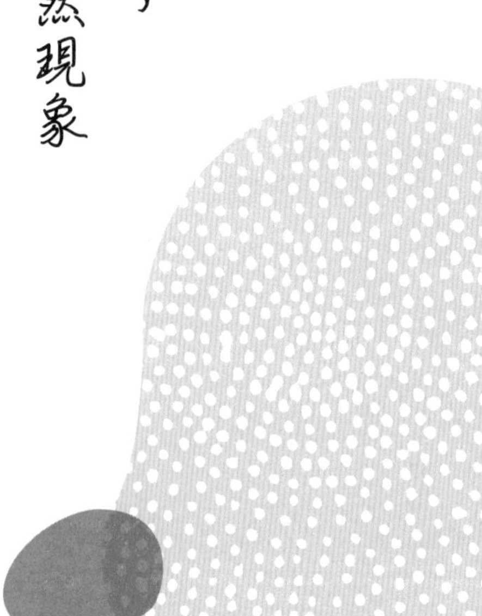

人類未來在面臨社會結構上改變的衝擊與嚴峻的考驗時，除了長久以來令人畏懼的戰爭、糧荒及疾病來襲外，恐怕另一股隨波逐流的力量，正潛移默化地滲透並進入每個家庭，如高齡及少子化現象。而且各種後遺症則正讓社會崩壞中，其中尤以高齡化最為嚴重。

由於全球性不可擋的少子化風潮與趨勢，已明顯地令年輕人口正在快速銳減中，同時更影響到國家整體生產力的發展與進步。近年來，已有不少悲觀的學者不斷地提出警訊，更語重心長地表示，如果情況再不改變的話，人類極有可能會遭到滅種的命運與悲劇，且絕非危言聳聽。

一部電影帶來的陰影

記得小時候看過一部日本的黑白電影，片名我已經忘記了，只記得那個地方好像叫信州。這是個真實的故事，內容是描述當時的農村面臨了饑荒，幾乎沒有食物可以果腹，村子裡的人家為了讓壯丁和小孩子可以延續生命、存活下去，只好悲痛又無奈地選擇犧牲家裡高齡長輩的口糧。

甚至有些阿公阿媽為了搶救子孫後代，也會自告奮勇願意用餓死的悲壯或自殺行為來成全年輕一代。當中年兒子背著自己年邁的父親或母親，踏著十分沉重的步伐，緩緩地前往山區一處荒涼曠野。在空寂的路途中，心知肚明此行乃是親情生離死別，是最後的短暫聚會。但雙方的心境可能因過於悲慟、恐懼和絕望，竟然擠不出一句話來鼓勵或安慰對方。在遙遠而漫長的沉默中，不平靜的心都在流淚和淌血。

當兒子把長輩殘忍地留下後（倒不如說是刻意遺棄），返身飛奔離開的過程中，掩面痛哭流涕地嘶喊著母親或父親，其淒厲哀號中帶著悔恨的畫面，至今仍難以忘懷。而孤伶伶被丟棄的老人，即使心中有千萬個不甘心或不捨，卻也難逃歹運的作弄。

老人家神情凝重而無言地眺望著穹蒼，萬萬沒想到一生的努力奮鬥，在面對生命的盡頭，不是闔家團圓及含飴弄孫的慰藉，而是被任意安排丟在荒涼幽陰的洞穴口。任憑山谷中冷颼颼的風雪霸凌，而寂靜的空氣中飄散著禿鷹般貪婪的鬼魅。

周遭散布著比自己先來一步的屍骨，獨自心驚膽戰地面對一個個空洞的骷髏頭，和一堆堆白骨，電影的最終畫面就此定格。雖然我不是醫生，可是腦海裡依舊揮之不去的想像是，當人在面對強烈的飢餓感時，不可能像修行的出家人般擺出安詳的打坐姿勢吧！

時間拖久了，身心都會因口欲需求無法得到滿足，而呈現出痛苦、難受、虛脫、休克，甚至陷入產生幻覺的瘋狂地步，可是這些老弱的身軀何其無辜？只因為自己活得太久了，必須要遭到天災人禍，帶來莫須有的罪名和制裁？還是為了成全下一代生命的延續，被迫用餓死的殘忍方式，讓生命消耗殆盡、成了代罪羔羊？甚至還要美其名說，犧牲小我的生命是為了供奉給偉大山神。最後鏡頭裡，老人家無辜、無奈、又無助的冷漠表情，想必是哀莫大於心死的最佳詮釋。

看完影片後，給了我最震撼的啟示是——長大後絕對不要當老人。但可惜事與願違，終究我還是一路活了下來，並且也變成了名副其實的老人家。

老在不知不覺間，緩慢進行

時代不斷進步的同時，也拜高科技與新興醫療產業之賜，加上全球化資訊的發達，以及大眾普遍重視養生之道，的確令長壽的高齡化現象，變成了社會上的另一新趨勢。而且高齡歲數的突破比率也屢創新高。

當少子與高齡，這兩種社會現象，呈現極端發展時，本來彼此賴以維生的生態系統，一旦長期出現不平衡的狀態時，任何預期及非能力範圍足以抗衡的風險，都可能就此發生，並將造成人類空前的浩劫。生死本在一瞬間，因此幾乎人人都怕死。對人類而言，活著就是一種存在的價值。而活得長、活得好，更是代表著幸福感的無形榮耀與成就。

有生命才有創造力，因此人活在世上最大的願望之一，大概會是由衷的盼望，自己能夠適逢長生不老藥的發明和提前問世。否則退而求其次，也希望自己能活得老一點，人生才算夠本。

上一世紀的人們只要能夠活到五、六十歲，就算是高壽，且值得大肆慶祝一番。可是到了二十一世紀的現今，男女的壽命早就已經跨越或超過上個世紀，且平均達到八十歲左右。甚至百歲人瑞也比比皆是，不再罕見。

俗話說：「棺材裝死人，不裝老人。」可見死亡和老並沒有絕對的關係。但愈老愈接近死亡，卻也是不爭的事實。當高齡化的議題變成社會的現實問題時，「老」就變成了近年來媒體上常出現的關鍵字。尤其是論及「老到底是怎麼一回事？」已經成為學者及相關的專業人士們，熱衷研究及探討的議題。

而專門供應銀髮族群的廠商及產品，更有如雨後春筍般冒出來。若以商品行銷的角度來看，可喜的是，老人的消費市場已經有其指標性的定位且潛力無窮；但可悲的是，即使活到老了，不免還要被徹底的物化。

由於人人都會老，為了預防及避免老人問題對自己、家人及社會，帶來有形或無形的壓力與負擔，因此不論是政府相關單位還是坊間，積極出版各種實務方面的書籍，其中更不乏教導及檢視老人身心靈，各種各樣健康的方法紛紛出籠。甚至希望年輕人能夠以同理心，利用近身觀察或是透過角色扮演，進一步了解老人的世界。

即使如此用心良苦，終究還是隔靴搔癢，因為一則不切實際，二則每個老人的狀況都不同，三則就算有所感觸但又如何？除非你是長照者，否則一般人對於老人問題的發生，就像你的親朋好友中，某人的感情突遭情傷或婚變時，不論你選擇的是陪伴聆聽，或痛罵對方一頓，甚至鼓勵去找律師辦理離婚，即使有同理心，但也只是個什麼責任都不用負的旁觀者。這也是為什麼會有「寒天飲冰水，冷暖自知」之慨。而真正的關鍵，在於事不關己，而關己則亂。

如果要想像人類老化的過程和氛圍，它簡直是透過上帝欽點的化妝師，再配合大自然的3D動畫家，經由高速快門而拍攝下的慢動作片。

整體看起來，高齡似乎只能用一個抽象化的「老」字來形容。但若仔細分格地檢視起來，光以臉部的變化，由嬰兒、孩童、少年、青年、壯年、演變成老人。其每一階段的成長、進化及老化，光是部分肌肉的抽動與全面皺紋的伸展，都是在綿密的關係中默默地進行著。不但產生生理上的變化，更會影響到心理的狀態，甚至是彼此呼應。

除非當生命中突遭巨變，例如戰國時代的歷史人物伍子胥，他竟然在一夜之間急白了頭。這是因為產生與生命攸關的突發性心理壓力，嚴重影響或改變了生理狀況，才導致頭髮色素由黑變白的強烈對比和差異。

伍子胥，春秋時楚國人，被楚平王追殺，雖輾轉逃亡，但被通緝而很難過關。東皋公很同情伍子胥的冤屈與遭遇，決定幫助他。接他住在家中，一連七日的款待，卻不談過關之事。

伍子胥急切地對皋公說：「我有大仇要報，度日如年，食不知味，且晚上寢不能寐。」他不知還要等多久？如此翻來覆去，其身心如在芒刺之中，臥而復起，繞屋而轉，不覺捱到天亮。東皋公一見他，大驚道：「你怎麼一夜之間，頭髮全白了？」伍子胥一照鏡子，果然全白了頭，不由暗暗叫苦。

皋公反而大笑道：「我的計策成了！幾日前我已派人請我的朋友皇甫訥來，他跟你長得像，我想讓他與你換位以矇混過關。你今天頭髮白了，不用化妝別人也認不出你來，就更容易過關了。」

當天，皇甫訥如期到達。皋公把皇甫訥扮成伍子胥的模樣，而伍子胥和公子勝裝扮成僕人，四人一路前往昭關。守關吏遠遠看見皇甫訥，以為是伍子胥來了，傳令所有官兵全力緝拿之，伍子胥二人趁亂過了昭關。

否則大部分的人，每天在面對著鏡中的自己，往往只會在乎容顏上的整體表現，很少會刻意察覺到底今天變老了多少。至於多幾根或少幾根白髮，根本也無所謂。更少人會真的強烈地感受到，老化現象對每個人生命的滲透範圍之廣、速度之快和態度的堅持。

縱使偶爾有感而發，也不會太介意，因為年輕就是青春最雄厚的本錢。反正稍微奢侈浪費一下也無傷大雅，何況來日方長，等到了六、七十歲後再來擔心也還不遲。

面對老，接受老

有一天我的好友來電，希望我能到她家裡去輔導一下八十多歲的母親。原因是她老人家不知道怎麼搞的，自從動了眼睛的白內障手術後，不但沒有因為視力改善而開心，反而整天悶悶不樂，彷彿得了憂鬱症，令全家人十分不安。

因為我很了解她們家的狀況，甚至我曾經開玩笑說，假如世上要選出集美貌、財富、夫賢子孝又能子孫滿堂的女人，她的母親准會上榜，因此我也十分不解，怎麼會有如此的意外發生？

果然不出所料，她母親的心結的確和動了眼部白內障的手術有關。由於多年來已受夠了模糊不清的視力，決定動手術把問題一次解決。

萬萬沒想到等拆了線後，她老人家拿起鏡子一照，才發現恢復的視力竟然像照妖鏡般，不但把滿臉的大小皺紋照得一覽無遺且怵目驚心，幾乎不敢跟自己相認的地步，因此她終於崩潰了。一向自信又自滿的她，似乎沒有認真的想過她會老，而且居然是老到會嚇到自己的地步。

依上面的真實個案而言，一位八十多歲的老太太，其不論年齡和外表，在大家的眼中早已確認，她就是個合乎老人標準的形象。但對她個人而言，她還是不知老、不想老、不服老，甚至完全否定了老。

類似這種人性弱點中的逃避心態，在大部分的高齡族群中，或多或少本來就存在著，根本不足以為奇。

就像有些人為了不承認老，而刻意打扮年輕，結果發現變成笑柄一則。走在街上，由於體態保持得還不錯，因此背後遠看像一朵花，但一轉身只會令人失望，而情不自禁地脫口說出：「我的媽呀！」

歲月真的太容易催人老，再加上現實生活中，悲歡離合的不斷翻轉和折騰。當年齡到了某個程度，就會被社會自動地劃進老人的世界領域。儘管每個人因遺傳基因、環境、健康狀況等而有所差異，即使看起來不像實際年齡，但也不可能再走回年輕。

俗語說：「老死不如賴活。」可見能多活一天，就是生命中仍然充滿著希望的挑戰和願望的實現。終究，生命是生死間起點與終點的歷程，而生活態度則是每個人的自我主張。

既然人老是自然的規律，不妨學習用比較客觀的態度來審視、面對，並接受它。只要生命能繼續下去，未來的歲月要真正面對的，恐怕只會更老和更衰弱而已。若想再見真正青春的熱與光，絕對是來生下輩子的夢了。

家有福祿壽三尊，關於老，我早就知道

觀察外婆、父親與母親三位老人家，
對於老人家的想法與行為，早就有所觀察與了解；
更發現不同的人，老了之後的狀況也不同。

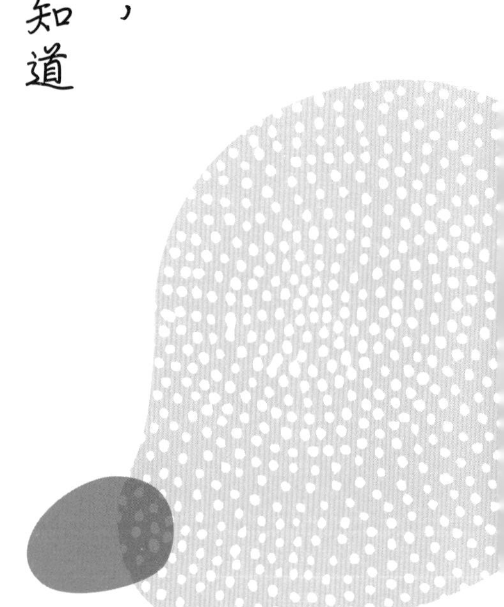

許多老人問題的專家建議若想關心老人及防範於未來，最方便也最直接的做法，就是先從仔細觀察家族中老人的行為和態度開始學習。

我從小體弱多病，除了父母親外，童年幾乎都是在外婆的悉心照顧下長大。所以我有很多機會，可以就近觀察老人的行為。

外婆年輕就守寡，而母親是她唯一的獨生女，所以為了照顧我們八個兄弟姊妹，她一直協助和支撐著我們家。我和她老人家的感情特別深厚，而且同衾共枕到我十六歲。我們之間有種超越祖孫更似母女的默契，以及相知相惜的前世今生，更期盼著還有來生，能夠結成母女的善緣。

還有一把頭髮可梳，是種幸福

外婆雖然是屬於裹著小腳的舊時代女性（其出生於清光緒年間，是泉州府的世家），一大早就見她端坐化妝臺前，溫柔地用著象牙製的密梳，慢慢地將她那一頭已泛白、卻長度及腰的長髮給梳直了。然後在手心抹了些髮油，小心翼翼且有步驟地將它搓捲紮實後，慢慢地纏繞成髻。偶爾出門或有喜事，會再插上個精緻的髮插，或玉簪之類的髮飾。

我有時候也會好奇地問她：「為什麼只是梳個頭要這麼麻煩？」她總是微笑地對著鏡子，頭也不回地告訴我說：「等妳老了每天早上起來，還有一把頭髮可以梳的時候，妳就自然會覺得那是一種幸福。」

我從來不覺得老了還有頭髮梳，是一種幸福。直到自己老了以後。有一天在電視台的梳化間，一面接受美容師幫忙梳妝，一面等著上節目時，竟然有人問我：「黃老師，妳戴的這頂假髮很好看，請問是哪裡買的？」當我告訴對方，我的頭髮是真髮時，她竟然很驚訝地說不出話來。而當下，我終於領會到有頭髮可以梳，是何等的幸福。雖然離外婆跟我講這句話的年代，已經超過了半個多世紀。

漏尿問題，降低生活品質

儘管外婆是如此的潔身自愛，但我偶爾還是會從外婆的身上，聞到一股淡淡的尿騷味。外婆自己或許也有察覺，並會介意地問我，是不是有聞到她身上的體臭？

當我誠實地點點頭時，這時候外婆反而會輕拍我的手背，然後淡定中喃喃自語道：「裹小腳（纏足）的女人最辛苦了，走路都困難了，何況是運動。尤其一旦年紀大了，首當其衝的致命傷，就是膀胱無力了。而這個時候上天對你最大的眷顧，恐怕就是等著漏尿找上了門吧！」

她還打趣地說，情況嚴重的時候，換褲子的速度遠比不上漏尿的速度。所以她幾乎很少邁出大門或參加公開的社交，因為擔心和害怕會出糗或丟人現眼。這也難怪在臺灣，專門帶高齡旅遊團的導遊們，流傳著最經典的調侃名言就屬：「阿公阿媽上車睡覺，下車尿尿，有空就逛藥店買成藥。」

母親個性較外向，即使年紀大了，仍喜歡經常跟三五好友隨團旅遊。但她的情況則與外婆剛好相反，而且比起同車的年輕人，還有體力和耐力。儘管她的體態屬於中胖型，也懷過十位數字的胎，或許是因為她喜歡走路，更因為每天早晨到公園打羽毛球、跳土風舞的緣故吧，否則我所認識的母親，她大半輩子都是經常坐在牌桌上，而且常常是夜深才歸。

有一次我問她同樣的問題，她認為年紀大了，各種器官難免都會鬆弛，但基本上跟裹小腳應該沒有什麼直接關連，可能是跟個人的體質比較有關係。話雖然這麼說，但八十歲以後的母親，因為行動不便必須坐輪椅，餘生幾乎穿著尿布度過。

相對的，父親並沒有漏尿的毛病，但卻在七十多歲的時候，必須承受切除攝護腺腫瘤的厄運。事後他自己探討病因，認為有可能是自從他退休後，就養成把騎單車當運動，並順便負責替母親到市場採買的工作。因此騎車的機會相當頻繁，才會導致某部位的器官長期受到無形的擠壓，因此產生病變……

可是若以此類推，則廣大騎單車的運動選手們，難道也都有攝護腺的毛病？且直到目前為止，並沒有任何相關文獻足以證明。不過根據臺灣衛福部的報告顯示，高齡男性得到攝護腺問題的比例確實相當高。

總之外婆、父親和母親，他們三位都算高壽。外婆八十歲，母親九十歲，父親則是九十五歲，我統稱他們為「福祿壽三尊老公仔標」。三人各有性別、年齡、個性、體質及世代上的差異，但他們卻在同一個環境下，共同生活了六、七十年，似乎已經形成了一股根深柢固的情誼。任何「新同志」都無法改變他們「老敵人」之間的關係。

滿足現狀是養生之道

若說起他們的養生之道，只能用滿足現狀來說，而且粗茶淡飯、從不挑食。有衝突不擱置，即使爭吵也要吵出個結果，然後以和平方式收尾。針對外來或重大事件，則團結一致並共同承擔責任。倒是每天都要喝茶的習慣，一生不變。

我的印象中，父母親的個性迴然不同，所以經常有衝突與紛爭。再加上兩人都沒有失智，且智商頗高的情況下，吵起架來真的是唇槍舌戰、各不退讓。除非有一個人先行離開屋子，才能暫時休兵。但他們也深知，夫妻沒有隔夜仇的道理；又有外婆擋在中間，當和事佬和傾聽的對象，而彼此也都懂得要適時給自己和對方台階下。從他們身上我發現，要平靜的過日子，得先學會跟共同生活的對象妥協，因此冷戰在我們家並不流行。

很多老人的精神心理狀態會出現性格怪異、說話顛三倒四、嘮嘮叨叨、記憶力快速減退等狀況。除了對子女漠不關心外，對任何事情也不感興趣，更會無端地產生恐懼和焦慮等症狀。

很幸運地，在我的父母親身上，幾乎沒有發生過。父親甚至還幽默地挖苦說，他雖然兒女成群，但他最喜歡的孩子就屬啞巴（純屬還原父親的口述，對語障者沒有任何的歧視）。

當我們面面相覷、一頭霧水時，父親才笑著解釋說：「你們這些博士、碩士、學士頭銜一堆的兒女回來，只會數落父母或管東管西。只有鈔票都不會出聲，也不會找麻煩，而且會乖乖聽我的指揮。所以如果你們大家工作忙，就不用專程跑回來，只要派啞巴兒子當代表就行了。」

我常常在想，他們已經夠老了但卻不糊塗，也許跟他們生活中有正確的價值觀念，有健康的陪伴又能夠彼此照顧，還保持一定的社交活動有關。再加上經濟上雖不富有，也並沒有太大的後顧之憂。因為子女雖多，但早就獨立，且均已成家立業、各自對外發展。似乎他們已經習慣享受「來者歡迎，去者祝福」的自由自在，因此即使是面對步入老年，也不會有太多空巢的失落感。

父母親本來就是不說廢話的人。在親子教育的過程中，雖然子女眾多，小時候也採用體罰方式。但長大後，他們就與時俱進、用比較民主及開放的原則。因此不論是鼓勵還是責備，都是採用點到為止的作風，所以不曾出現太嘮叨的問題。

反而是後來曾經住在養老院的一段期間裡，母親因常年受困於帕金森氏症帶來的行動不便，說話口齒不清，口水無法控制等症狀。加上身體病痛卻難以表達的種種身心折磨下，使一向樂觀的她產生了憂鬱的傾向，甚至開始對生命不抱希望。幸虧有家人長期輪流陪伴，才能度過難關。母親走後沒有多久，父親就主動開口，希望能搬來跟我一起住。我想他或許是沒有辦法獨自承受與面對老伴離去的哀傷和寂寞吧！

外婆、父親和母親他們三老，在晚年生活中，有一個會發生在不同時間、卻有著同樣反應的動作；那就是當我們晚輩陪伴他們老人家看電視的時候，看著看著，他們在不知不覺中就闔眼並打起盹來。

既然發現老人家已經睡著了，正打算體貼地把電視機聲音轉小或關掉時，說也奇怪，這時候老人家卻像突遭電擊般，馬上靈光地回神過來，並帶埋怨口吻地斥喝：「我還在看，為什麼要關掉？」

其實大部分的老人家，經常都是在「夢」電視，而不是「看」電視。但有一點值得注意的是，為什麼他們會如此介意有人把電視機關掉？

因為電視機是他們賴以打發時間的不二法門。各式電視節目中的人物、影像和聲音，對於獨居的老人而言，是一種有形卻無害的最佳陪伴，更是其日常生活資訊及娛樂消遣的重要管道與來源。至少讓他們能夠透過電視機當媒介，知道自己與世界仍在接軌中，尚留著沒有被完全隔離的存在感，即使孤單中也還存著人味的餘溫。

當全家聚會時，偶爾三老之一，會因情不自禁或無法控制的連環響屁，搞得我們晚輩哄笑滿堂。拿來作為揶揄題材，或是仿效的對象時，他們總會在尷尬中，幽默地回嗆我們：「是時間未到，不是不報，等你們老了就知道！」面對這些，當時不解，甚至覺得是荒謬可笑的行為，我曾不止一次地在內心告誡自己：「千萬要切記，將來若自己變老了，絕對不可以重蹈覆轍，以免失禮或丟臉。」

但結果有一次，我在陪孫子玩的時候不小心放了一個屁，結果四歲的孫子居然用著奇怪的表情跟我說：「阿媽，妳剛剛是不是在放屁？」我卻面帶笑容，硬拗地對他搖搖頭說：「沒有呀，那是阿媽的屁股在唱歌。」

我突然就收到了老人證，但依然生龍活虎全球跑

應該要認真想過自己會變老這件事，還要將身心準備好；因為步入老年後，還要面對更艱辛的挑戰。

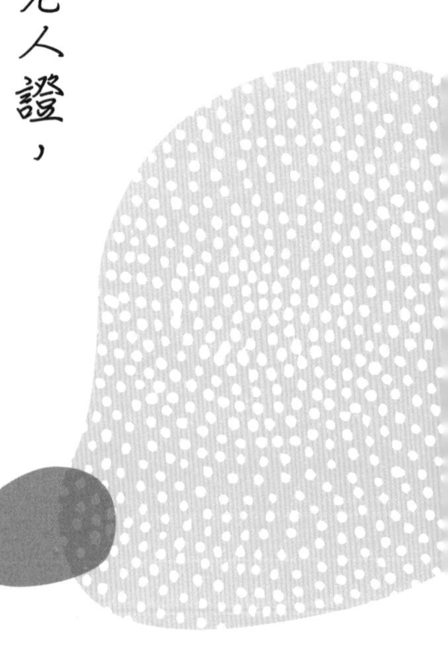

由於從來沒有認真地想過，自己有一天也會變老。所以不論是童年的記憶，還是成年的經驗……總之，雖然觀察老人家的行為和態度，但完全把它們當作事不關己，而且根本是杞人憂天的大驚小怪。

直到有一天，我還活蹦亂跳地從外面走進辦公室，突然同事面帶嚴肅，雙手遞給了我一張免費乘車證的老人卡時，我第一個表情是愣住了，第二個動作則是眼睛冒火，直瞪著手中的卡片，內心卻涼意颼颼、不滿地吶喊著，而五臟內臟更不斷地反芻著一句：「這怎麼可能？」

因為再怎麼輪，也還輪不到我來領老人證不是嗎？該不會是政府單位弄錯了吧？一旁比我年長的幾位——我們「財團法人國際單親兒童文教基金會」的義工們——竟樂得嗤嗤地偷笑，還歪着頭一邊，招手向我表示：「來吧！歡迎妳終於加入我們的長青行列！」

唉！到了這個地步，不得不承認並質疑「老」的標籤，為什麼真的總是在不預期中突然蹦出來？

人真的是一種奇怪的動物，尤其是在心理上的變化，年輕的小女生喜歡打扮得花枝招展，顯得嫵媚又成熟。而明明是上了年紀的女人，卻特別不爽別人在公開場所稱呼她太太、阿姨或阿婆。雖然說，女人的青春在臉上，但終究年齡和三圍是女人的祕密，能不公開就不公開。

難怪聰明的行銷專家，一定會耳提面命所有服務業第一線的工作人員，千萬要切記：「不論女性顧客的年紀多寡，一律稱之小姐或美女就錯不了。」甚至連正式的「女士」字眼也盡量少用。而對男士們也一樣，統稱先生和帥哥，可能對自己的業績會有幫助。這也是針對人性虛榮的弱點，以迎合和滿足為前提的招術。何況包括我在內，此招從年輕到老都頗受用。

記得有一次和幾位好友，約在年輕人的夜店見面，當我興沖沖地走到店門口時，突然看守門房的年輕猛男把我給攔住了。他竟然用嚴肅的口吻說：「老太太，我們這裡管理很嚴格，妳不用自己進去找，我保證妳未成年的孫子一定不會在裡面。」

我當場氣結，並不全因為他的白目，而是生氣當時這批損友，為了拱我出馬參加派對，竟然說了一堆昧著良心的諂媚話。例如：「其實在夜店的燈光下，妳看起來根本不像是已經退休的人，最多只是四、五十歲而已。」「還有，妳的身材哪裡算胖？而是性感好不好。」……唉，最可恥的是我居然全都相信了。

更年期是告別年輕的警示

男女生理大不同，其中有三項的經驗和體驗，男人一生都沒有經歷過，而且是難以體會的真實生命挑戰——就是月經、懷孕和分娩生產。

而「老」真的不是別人說了算，是自己要有心理準備。「停經」對於女性而言，是生理上告別年輕的分水嶺。尤其過了中年以後，在停經之前可能會先出現亂經的現象。也就是說，每個月一次常態的經期，其時間不再固定，而期限也忽長忽短，甚至月經來時經血量也時多時少。

有些人會因此出現臉熱潮紅、盜汗、心悸、頭痛、神經失調、失眠及憂鬱的現象。很幸運地，我除了失眠以外，雖然沒有太多其他的徵狀，但光是睡眠障礙，卻也給我帶來免疫力失調的後遺症。但每次經期來的時候，出血的程度簡直像血崩般地嚇人。

記得有一年的夏天，我在高雄有一場公開的演講，觀眾超過五百名，完全擠爆了會場。當我站在台上，眉飛色舞地大放厥詞，而台下群眾也給足了面子，聽得如癡如醉時，突然我的心震驚了一下，並立刻閃過接下來我可能要大出糗的念頭。

因為霎時間，在毫無預警的情況下，大量的血崩竟然從我胯下直流。當時我還只能故作正經狀地把演講完成，但那也是我生涯中，唯一得站在台上辦簽書會的尷尬經驗。而我當然不能隨意離開講台，因為我的腳下還留有一些血跡，有待曲終人散後去清理。

我朋友的情況比我更慘，她有天出席參加喜宴，穿的是一身名牌的白色洋裝，而她還是主要賓客之一。結果跟我發生的情況一樣，她既不能站起來敬酒，也不能去跟新人賀喜，簡直糗斃了！

另外一個義工朋友告訴我，她停經前潮紅盜汗的程度，已經到了每天至少要換三到四次的衣服。而手心出汗的不舒服感覺，竟然已經影響到連她的丈夫都不想碰她的手。至於心悸、失眠、頭痛和憂鬱等症狀，很多女性朋友在分享時都表示，若沒有藥物適時的協助，根本無法度過此關卡。

生命的韌性就是讓妳能「關關難過，關關過」。記得我在五十多歲時，在確定自己終於停了經的當下，竟然由衷地產生一股莫名的雀躍和輕鬆感。慶幸從此不用再因每個月一次經期來而造成困擾，不再會有心理上不舒服的情緒壓力，以及生理上的大量失血、腹部脹痛、頭疼或失眠等，令人痛苦及困擾的症狀。

停經！這檔事是女人要經過半個世紀的糾纏與擺布，才能換來的大解放。總之，經期來得順或不順，都是女人一輩子的牽掛和無奈。最諷刺的是，原以為停經後，從此可以自由自在地飛翔了，豈知由於荷爾蒙仍在繼續作祟的關係，更年期的後遺症，才是婦女病症候群突襲的開始。

停經後的身心挑戰

緊接而來的，不是一下子傳來某個朋友的左乳房已經被切除了，就是過一陣子接到閨密哭訴，她的子宮和卵巢恐怕也要一起拿掉的淒慘消息。接下來朋友喝下午茶的時候，與年齡相仿的姊妹淘聊到的話題，竟然已不是狼虎之年時的閨房樂趣，及炫耀做愛次數的業績。反而因為在更年期後，由於生理上荷爾蒙的功能失調，造成行房性事時，已經不再會因性高潮帶來爽快。而是隨著高齡及老化的前進，因為陰道萎縮、缺少分泌滋潤造成不舒服的「痛」，導致在心理上會希望能「快」點結束了事。

事實上若有此問題，不用太忌諱或太害羞，因為婦產科醫生在這方面，都可以給與正確的建議和改善的處方。前幾年，我才因為下體癢痛不舒服去看婦產科，調皮的醫生竟然跟我說：「老了，該處久沒有用發霉了。」當下令我啼笑皆非。

當妳對性事由熱衷轉為冷淡或想逃避時，應該也算是老化現象的開始吧！

只是因為牽涉到個人隱私，因此沒有人會特別公開去強調它的困擾。況且，對於五十多歲的人而言，仍屬於壯年期，正是事業衝刺的巔峰時期。因為有太多其他的事情，可以分散在這一方面的專注力。加上縱然是性冷感，也不致於對生命造成危險性的威脅。唯一真的會影響到的，恐怕是在婚姻中與伴侶之間的性關係是否和諧的問題了，因此仍需正視面對。

在五十到六十歲這個階段的我，於私部分，我還得負起單親媽媽的責任；而於公的方面，則必須把公益事業經營下去。因此在不能懈怠下，凡事除了付出行動還是行動。同時也證實了自己仍處於體力驚人、精力更是充沛的良好狀態。

由於當時正值個人事業的起飛，漸有知名度，加上經常上電視，又兼具電臺及電視節目主持人的關係，導致不但曝光率高，並被列為國內外頗受歡迎的名嘴之一，因此經常有機會受邀到國外演講。記得當時的我，總是自己一個人提著一大一小的旅行箱，獨自勇闖大江南北。

尤其是每逢暑假，應邀前往北美洲參加臺灣同鄉會的演講場次，更是緊湊。在各方盛情難卻之下，為了不想得了姑心、卻失了嫂意的遺憾，且又能滿足異鄉同胞們的期待，所以一趟美國之行，從西岸入境到東岸出境；其中更橫跨到東南、中西部，並同時被安排陪同到華府拜會國會議員，以及再與當地慈善機構作交流等。只能用日夜奔波、馬不停蹄來形容。

近一個月旅行下來，從公開千人的大場面到私下小眾三、五十人的聚會，一共多達二十一場次。美國不止國土大，而且每個大都會的機場也都很大。因為被邀請單位視為嘉賓，所以到機場簇擁歡迎的人多，可是等任務完成後，被送到機場辦完手續後，我又是孤單一人。而每到一站，同鄉們送的禮物、書籍，甚至包括給臺灣政府的建言書等，都足以讓行李的重量及負擔愈來愈重。

舉例從A州要到B州，轉機的出口在四七號門，由於不同的航空公司，即使航空公司相同，但航班表時間不一樣的話，依然有可能必須在一個小時之內，趕到六十一號登機門前的櫃臺報到 Check In。而在轉機的過程中，經常又是必須先下了飛機後，再改乘接駁巴士；或是再去轉乘輕軌鐵路，才能夠到達另一個機場。

大家可以想像，每個登機門之間的距離，都是超過一架飛機的寬度，而我必須自己一個人拖著超重的行李，完全不理會旁人眼光，採取逃難式的連衝帶跑，只為了能趕上登機時間。而且絕對不能誤了班機或放鴿子缺席，因為另一州的主辦單位，他們的餐券不但早已賣出，而且座席也全部安排就緒。

尤其當意外又發生在航空公司，臨時才通告班機更改了登機口時，若不注意聽廣播，很可能就此錯過班機。但聽到了又如何？換來的只是欲哭無淚的無奈，但也只能再次振作起來，努力繼續去追機。

有一次在飛往目的地途中，不幸遇到大風雪，只好在轉機的候機室裡，飢寒交迫的足足等了大半夜。原本只要十幾小時，但轉來轉去，全程共飛了超過近三十個小時。若遇到經濟艙全部客滿的情況下，有時候連搶上個廁所都要靠運氣。

不論在海外遇到多少的問題或挑戰，我終究還是安全的飛抵臺灣。記得有一次，橫跨了美加兩國，由於旅途太疲累而體力透支嚴重，影響到免疫系統功能失調下，導致發高燒不退，必須馬上住院治療。但只住院了一天，發現燒退了，我馬上就拿掉注射的點滴；而且幾乎不受時差的影響，又衝回工作崗位。雖然醫生再度警告我，要注意長期免疫系統失衡帶來的健康問題。

我為什麼會特意提到以上這段故事？只是想要證明，男人或女人在四、五十歲以後，雖然已經開始進入了初老，還是可以把身心調整好，讓自己處在生龍活虎的階段。因為接下來可能必須更辛苦或更努力，才能去迎接進入中老年時更艱辛的挑戰。

055　我突然就收到了老人證，但依然生龍活虎全球跑

用平常心接受變老，歡喜當自己成佛

上了年紀就不用太在意身形、不用太刻意飲食、不要太顧忌別人的想法。不妨隨心所欲，保持心情愉快。但若太放縱自己，出了問題也不能怪別人就是了！

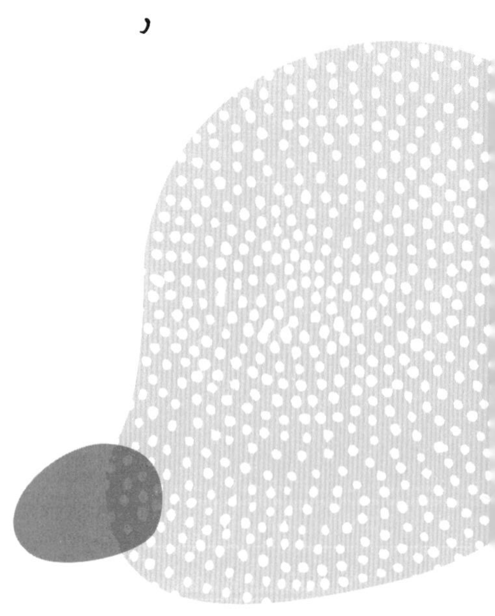

我覺得人類初老的現象，也會因種族、環境及個人體質的影響而有所差異。像亞洲人應該都是在四十歲的尾巴，快跨越到五十歲左右，才會開始有感覺或注意到——初老居然真的和自己有了關連。而通常要等到六十五歲退休後，發現終日無所事事，且離工作職場的記憶愈來愈遙遠後，才願意默默地勉強承認，自己似乎真的已經由初老邁入了中老的階段。而往往要等到送走了自己的父母輩，再輪到開始參加手足、同學、好友的葬禮後，以及頻繁進出醫院時，才會不甘心，但又不得不意識到終老即將來敲門。

有人說，要看一位女性年不年輕，可以從身體三個部位的膚質平滑度及皺紋來判斷：一是脖子，二是手肘的關節處，三是手指。如果脖子像老母雞，而手指像餐廳的鳳爪，手肘關節的紋路像銀絲卷或千層糕時，就知道此乃中年婦女的象徵了。而男人則是從頭髮、胸肌和動作來觀察。通常大部分人會發現自己開始老了，都是從外表的變化開始，其中最顯著的就屬臉皮的鬆弛和雙頰的塌垮。

因為臉蛋是人的招牌，當臉部的皺紋開始比較有深度，且固定在某個局部範圍時，例如像魚尾紋、額頭紋、法令紋等，都一條條地停滯在那裡，且堅守崗位的意志力一天比一天強時，就表示著你已經不再年輕了。

不止臉部的皮膚會因鬆弛而有了皺紋，更訝異的是像乾田龜裂似的，開始呈現出老化的現象，並散布到身體的其他部位，真的很難再恢復青春期的光滑和彈性的榮景。

隨著年齡的增長，邁向老化的各種變化中，除了首當其衝的皮膚會乾枯鬆弛外，還包括了頭髮稀疏泛白、脂肪層層重疊、紅痣黑點爭豔、息肉贅瘤橫生，而老人斑的版圖則不斷擴張。最令人挫折的是，背後股溝間的橘皮組織，更是不堪回首嬰兒時。

整形不需要大驚小怪

由於女人有愛美的天性，才會有世上只有懶女人、沒有醜女人之說。而女人最在意的，莫過於擁有一張姣好的臉蛋和苗條的身材。不僅僅是臉蛋的部分，託現代整形美容技術的日新月異，只要找對了合格的醫師，除了大家最重視的臉龐外，就算是全身其他任何部位，有任何的瑕疵，也都可以加以改善和改造。

以前提到「變臉」指的是這個人生氣了，而現在的「變臉」，卻是真的換了一張不一樣的臉。也許透過人工整形的外表，一時可以瞞天過海，但終究觀眾的眼睛還是雪亮的。整形美容幾乎是女人的專利，尤其是要靠美姿美儀的影歌星，或是為了因應特種營業的實務需要，非靠臉吃飯不可的人。但可惜由於早年的技術不夠進步，導致經常會整出一批批臉部表情僵硬的木乃伊。

但時代變了，只要人活得久活得老，什麼稀奇古怪的現象也就見怪不怪了。加上網路中的 FB、WhatsApp、Line、YouTube、Google 等社群軟體與通路，更提供大家免費作秀的個人舞台。因此，在人人普遍愛美、愛秀，但又怕老的心理狀態下，美容整形對現代人而言，已經蔚為風潮，且不分男女了。

回憶三〇年代，女人若要去整形，割個雙眼皮的簡單手術，也得遮遮掩掩的怕人家知道。甚至手術完，還要矯情的向大家解釋，實非得已，全是因為眼睫毛倒插，所以非開刀不可。因此，曾經有個笑話，眼科醫生只要看見女患者走進診所，對方還沒來得及開口，醫生常不分青紅皂白地先問：「是否睫毛又倒插了？」

反觀時下，要動任何的整形手術前，消費者都懂得秉持貨比三家不吃虧的原則。不論是比照國內或是國外的設備、比較醫生的醫德和醫術、還是比手術費用的價錢，甚至還比售後服務的品質，當然也包括了手術瑕疵、後遺症等法律訴訟，以及追究和賠償的各種問題。

不但私下可以彼此交流討論，甚至上網搜尋相關資訊。參考的管道琳瑯滿目、不計其數。而客人的年齡層愈來愈年輕，甚至含括了小學生。

人類的審美眼光，本來就很主觀，否則哪來的情人眼裡出西施？我既不是特別懂得欣賞自然美，但也不至於自命清高，所以從來不會反對整形。無論是因為愛美、或為了保持年輕、身體上有缺陷，還是一味地只為了追求流行，或是以上皆非，只因一時衝動而跑去整形等任何理由。

我有位長輩八十歲又開始談戀愛，對方是同一養老院的室友，年齡比她小了十一歲。對方完全不在意她的長相，他喜歡的是她的個性以及兩人的理念、價值觀的相同。但這位女性長輩卻很介意，因為對方的年齡差距，在她的心中產生了疙瘩。所以她決定去整形拉皮，果然效果讓她至少年輕了二十歲，達到大家皆大歡喜的結局。

當然親朋好友中也有人不以為然，認為活到這麼老了，可能很快地就會忘了自己和對方的長相，為何還要這麼虛榮地去整形？甚至只是為了一個不起眼的老男人，既花錢又痛苦，犧牲也未免太大了吧！

無論是虛榮、犧牲或奉獻，都是出於女性長輩個人意願。而手術費既不是來自高利貸款，或強迫任何人替她出的，真的是吹皺一池春水，干卿底事？我個人倒是由衷地佩服這位女性長輩的作為，活到了八十歲的高齡，她還能夠有如此浪漫的情懷，堅定的意志和清晰的思維。直到生命的盡頭，也不放棄追求自己的愛情和幸福，可稱得上是獨立高齡女性的典範。

也曾經有粉絲在FB上好奇地問我，是不是有整形過？我告訴他完全沒有，可是他卻不相信，因為他認為從電視上看，我笑時眼角沒有出現太多的魚尾紋，而嘴角的法令紋也不夠深。加上眼袋不大，且雙頰也沒有凹陷塌掉。以我的年紀，如果沒有經過微整形的處理，怎麼有可能維持這般的狀態？

我只好有耐性地跟他解釋，人只要吃胖，皮膚就會像打過玻尿酸般地，看起來比較緊繃和豐滿些。加上電視螢幕不是正方型，因此有橫向放大的視覺效果。至於所有的皺紋也都是藉化妝師的巧手，用遮瑕膏等化妝品把它掩飾過去。而且錄製節目的攝影棚裡，採用的都是特別亮的燈光。加上我每次錄影前，都會認真地叮嚀導播一句：「請您把我拍得漂亮最要緊，像不像我本人則無所謂。」

以上林林總總的集體分工，才能造就出粉絲對我個人長相的錯覺。如果粉絲有機會看到卸妝後素顏的我，恐怕也只會驚叫一聲後，就立刻嚇得昏倒！當粉絲要求跟我照相之前，我都會負社會責任地請他們先想清楚。因為我的照片可是用來嚇人的，而且掛在門口可避邪，掛在床頭恐怕還能避孕。

肥胖要怪自己

女性一輩子在意的事情，除了臉蛋外，應該還有身材的保持。如果還同時擁有財富，權力和社經地位，當然是最好不過了。否則寧願擁有姣好的臉蛋和完美的身材，因為這是所有女人都稱羨和夢寐以求的條件。

別看我長期給人的刻板印象，就是矮矮胖胖。大家也許不相信，小時候的我曾經骨瘦如柴，當時小學的老師都採用體罰，字寫不好或考試達不到標準，就必須打手心幾下。結果老師因為看在我的手腕實在太瘦了，恐怕禁不起打，所以每次都特別給與輕罰了事。

直到二十多歲出社會時，身材依舊是保持不會超過四十五公斤的體重。即使婚後生了三個小孩，一直到四十歲左右，還是保持不到五十公斤的體重。回憶起來，似乎我的體重會不知不覺地直速上升，應該是在更年期後。我聽了醫生的建議，服用了近一年的荷爾蒙，結果體重從此就停滯在六十公斤以上，再也掉不下來。

後來朋友告訴我，才知道原來荷爾蒙的成分絕大部分是以脂肪居多。所以不是醫生的錯，而是我一向秉持著「不運動」、「不節食」、「不保養」的三大原則。因此不發胖也很奇怪，總之是「自作孽，不可活也」，怨不得人。

我曾因為胃食道逆流而去看醫生，照胃鏡時，順便照了腹部超音波。醫生不好意思當我的面說，私下告訴陪我去檢查的助理，記得勸我多少也要運動或減肥，才能避免脂肪肝的問題。

我也曾經想從善如流，企圖努力的減肥，看能不能恢復到六十公斤以下，成為比較苗條和結實的身材。但下定決心和付出行動兩者對我而言，前者難、而後者更是難上加難。因此面對體重節節攀升，只好自我解嘲地表示，我為人公道，因此，我的體重完全是隨著年齡成正比；年紀七十歲，體重七十公斤，只是剛好而已。

我有次遇到一位當外科醫生的老朋友，問了他一個道聽塗說的醫學問題。據說年紀超過六十五歲者不宜過分減肥，體重太輕或太瘦的老人家若被送到急診室，大概不到一兩天可能沒得救就走了，這是真的嗎？

他愣了一下後回說：「當然是真的啦！因為病人送到急診室後，除了水以外什麼都不給吃，在沒有任何營養補給的情況下，體力的消耗只有靠脂肪燃燒。」聽完以後我順口問他：「那麼以我的身材看來，若被送到急診室，你認為可以維持幾天？」他還真的順勢看了我一下，搔了搔頭回說：「大概五、六天吧！」

我心想，又是一個只會當醫生、不會當男人的傢伙，完全不懂得討女人的歡心。他其實可以回答我四天就行。有哪個女人不希望看起來瘦一點呢？但開心的是有被安慰到，至少知道自己的脂肪夠多，而生命等待救援的時間可以延長一些。

脂肪過多，除了有可能造成身體健康的負擔外，另一個重點是「攬肚」（臺語）。不論男女，挺個大肚皮總是有礙觀瞻。有一陣子很流行用抽脂的方式減肥，結果我的朋友做完以後，悔不當初。他掀肚給我看，肚皮上面竟是坑坑窪窪的痕跡，而且還造成經常有莫名其妙腹痛的後遺症。其實除了有遺傳的肥胖基因外，大部分的人之所以囤積了太多的脂肪，都是因為貪吃和懶惰造成的。

包括我自己在內，完全怪不得別人。

化妝與保養簡單就好

很多人對於名人的保養祕方，都十分有興趣。只可惜這個議題對我而言，簡直是問道於盲。我出門會化妝，總是很快地在十五分鐘內搞定，卻是真的不懂得保養，也懶得保養。就像多數的男人也搞不清楚，為什麼女人總是整天坐在化妝臺前，面對著一大堆的瓶瓶罐罐。明明臉才剛洗完又塗抹一堆，無論早晚。總之擦了又卸、卸完又再塗，日復一日沒完沒了，不知所為何來？

我就說嘛！會當男人卻不一定懂得女人的心。女人這麼精心打扮和保養，當然女為「悅己」者容，是想討男人歡心。但對新女性而言，是女為「己悅」者容，希望自己變得愈來愈漂亮，更是自己更愛自己的表現。至於我，一則總覺得太浪費時間，二則捨不得花錢，三則因為每天工作太忙，回到家後就累癱在沙發上，只想休息或發呆。根本不可能還有幹勁爬起來，專程為敷臉、按摩、去角質層等動作而發憤圖強。

所以我一向的清潔用品，採用的是最簡單也最古老的方式，就是使用一塊老牌子的水晶肥皂，從洗頭、洗臉、洗澡到洗衣服，一氣呵成，且數十年來未曾改變。洗完臉後如果記得的話，就順手擦一些乳液或乳霜。反正這些保養品都是朋友們所送，也許品牌不同，卻都是名牌。

居然有位美容專家調侃地跟我說，我是誤打誤撞，反而有意外的收穫。他解釋說，最好的保養方式，就是不要長期使用單一產品，而是要經常換牌子相互使用。反正保養產品只要無害，因為有了保養的動作，則心裡會較踏實地得到安慰。但若沒有認真的保養，日子不也是照常過。對我而言保養或不保養，似乎並沒有在我的臉上發生太大的影響。

身體調養隨心所欲，但要自己負責

談到有關保養，對於古代人，在飽受洪荒猛獸的侵犯突襲，戰亂的頻繁與掠奪。因此在吃不飽穿不暖的情況下，「保」指的是身體安全的維護，而「養」就是生命力的維持。而如今人們所提到的保養，大部分都著重在飲食方面，甚至在飲食文化的精緻化。無論是食材還是烹飪的方式，以及擺盤是否養眼有格調，都將列入範圍之內。

至於身體的調養方面，對於女人而言，生完小孩坐月子期間，算是最受重視的時候。早年是因為醫療及醫術均不夠先進，導致女人在生產時，如果不幸遇到難產，可能就生命攸關。俗話說：「拚得過去麻油麵線，拚不過的只有棺木四片。」加上農業時代，經濟情況普遍不好，女人大部分都有貧血的現象。

因此，女人在生產的過程中由於失血過多，加上必須用力使勁而汗流浹背的情況下，體力大失。因此產後休息時，通常會利用自家飼養的土雞，或者準備豬肝和腰子來補充鐵質。而麻油、老薑和米酒等，則有除濕去寒的功效。再加上幾帖生化湯，用來幫助排除體內的穢垢，並恢復生產時陰道的撕裂。緊接著，還得開始對初生兒餵食母奶，因此才給與一個月的時間來調養和休息。

如今醫療和醫術都很發達，而生產的方式也有很多選擇，加上每個人的營養幾乎都過足的情況下，坐月子的傳統習俗其實可以免了。但可惜在少子化以及商業化的包裝下，月子中心的應運而生，反而成了另一種帶有身分及階級式的噱頭。

我的三個小孩都在國外出生，而且都是剖腹生產，卻沒有坐月子。一方面因為臺灣當時戒嚴中，因此我的母親不能出國幫我；而年邁的婆婆常年生病中，身在不興做月子的國外，住家離中國城又太遠，根本很難找到幫忙坐月子的人。

更重要的是另一方面，我不信邪的個性作祟，所以幾乎沒有做過月子。而且我懷孕的時候，太多的人善意地勸我咖啡、茶、泡菜、臭豆腐、豆腐乳、生魚片等，最好都不要吃，免得影響胎兒的健康。但很抱歉，它們都是我的最愛，因此很難免除。

而且懷孕的時候，尤其是害喜的期間，孕婦想吃什麼，就必須吃到為止，才能夠滿足。我常質疑不是孕婦貪吃，而是肚子裡面的胎兒想吃。幸虧我的孩子們出生後，一切都正常健康。雖非特別出色，但也差強人意。

關於健康和養生的資訊，一直在變變變！從以前專家們不斷地強調，最好的健康運動就是快跑，過一陣子又變成了慢跑，沒有多久又改成快走比較好。但等我現在真的老了，開始走不動了，卻又勸說要慢慢走就好，人類果真是科學家們的白老鼠。

同樣的，以前的營養學家告訴我們，蛋的營養價值雖高，但不宜天天吃。一個禮拜只能吃一兩顆，而且吃蛋白又比蛋黃健康。結果根據最近的相關資訊，似乎在告訴我們，可以完全解放了，閣下您高興吃多少就吃多少。

此外，不少的營養名嘴更整天在電視節目上，拚命強調西方乳酪的營養價值有多高，卻忽視了本國優質的臭豆腐也存有維他命B群。記得之前大家都擔心用手去搓揉醃製的泡菜不衛生，可是我不久前才看了一篇報導，聯合國衛生組織預估，未來人類最長壽的國家會是韓國，原因之一居然是跟他們每天吃泡菜有關。

並非因為我的年紀大了，才變得冥頑不靈、不聽勸，我只是不希望自己的腦袋瓜，老是變成了別人思想的運動場，沒有主見和判斷力地整天跟著別人跑。而商業廣告就是典型包裝好的洗腦劑。

因為我們自己有大腦，而大腦會傳遞給我們需要的訊息，包括七情六慾均在內。因此在飲食方面，我最不喜歡去掌控、糾正、比較或阻止別人的個人喜惡。像我有一位同學，他終生不沾海鮮；我有一位大我幾歲的好朋友，她就是不敢吃雞肉；我信佛教的同事更遠離牛肉；我外婆這輩子很少吃青菜，卻活到八十歲。以上我提到的這些偏食的人們，至少仍全部活得好好的，而已去世者也是高齡而終。

其實肚子就是每個人的廚房，而腸、胃和大腦就是廚師。只要吃得下、吃得舒服、吃得開心，就是運氣好、福氣大。況且，每個人的體質都不盡相同，因此，偶爾偏食一點又何妨？我真的相信人各有天命，地球上六十億的人口，即使同年同月同日生，相信死法也各不相同。否則哪來「閻羅王要你三更走，而你活不過四更」的說法呢？

除非是醫生的特別警告，老人家也不用太刻意養身。因為有一天當你被宣布得到重症或需要化療的時候，不但會沒有胃口，而且住院時供應的營養餐，也沒有一樣菜肴會可口。再說，我也經常看到處在工作壓力環境中的醫生或護理師們，忙碌起來也完全忘記了要注意營養和忌口，反而以速食的漢堡、熱狗再加一杯咖啡，解決了一餐。

年紀漸長後，我的飲食習慣變成了無肉不歡。記得年輕的時候，也很喜歡吃蔬菜和水果，但說也奇怪，也許真的是由於婚後移居熱帶的菲律賓十多年，受到不同的環境及在地飲食文化的影響，因此有所改變。

我雖然沒有偏食的習慣，但有機會還是會選擇自己喜歡的美食。而且因為急性子，加上飲食習慣重口味，吃東西的速度又快，經常會忘記了要細嚼慢嚥。因此六十歲以後的體重一直持續增加，穿衣服的尺寸，更從年輕當小姐時的小S，進階到S、M、L到XL，甚至現在得穿上2XL的寬鬆褲子，才感覺到舒適。真是既悲哀又慚愧，因為當把生活態度的方便當成隨便，而把輕鬆一下當作是全面性縱容的話，後果還是必須由自己全部負責。

但比較值得安慰，也算是不幸中的小幸，是關於飲食方面的量，我稍微懂得節制，不屬於暴飲暴食之輩、也不偏食。可是我的營養師朋友，卻認為我的營養太不均衡了。儘管如此，我還是堅持自己的想法，民以食為天嘛！每日生活辛苦打拚的結果，若能夠換來吃前開心而吃後滿足的自在，應該也算是種精神上的小確幸吧！

總之，要奉勸上了年紀的人，其實在面對皮膚因為老化而鬆弛的過程中，也要同時學會不用太在意身材或外表的變化。尤其是穿著方面，不管體型如何，說穿了只要做到舒適、整齊、乾淨、不要骯髒或行為顯得齷齪就行。至於攬肚就攬肚吧！至少每次坐在浴缸泡湯時，只要雙手能捧著攬肚，想像自己竟然可以化身成為一尊彌勒佛，豈不善哉焉！

身體雖老化，但頭腦要清楚

有些事情繼續做，有些事情不能做，有些事情要早做。

高齡者要如何才能獲得尊重，並安享晚年？

這裡有些給妳／你的建議。

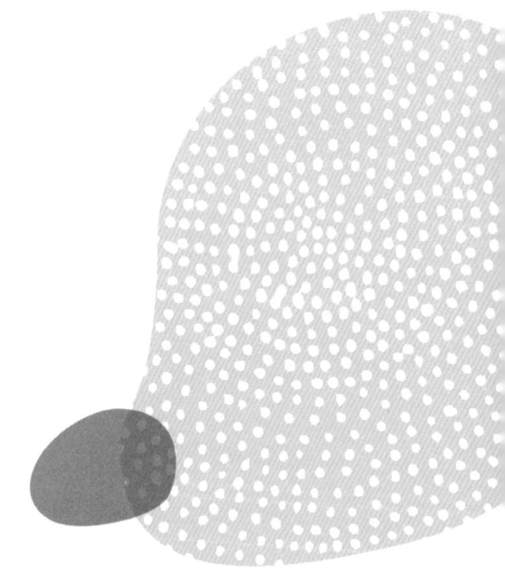

衰老是高齡者的商標，老化和衰弱像是連體嬰，使老年人背後的包袱裡裝滿各種病痛。人吃五穀雜糧，難免都會有病痛。偏偏老人家除了類別多外，發生頻率也較高。就醫過程既瑣碎又繁複，而花費跟開銷負擔也大。但最令照顧者深感困擾和乏力的，莫過於在溝通上經常會遇到雞同鴨講，或是「明知山有虎，偏向虎山行」的不服輸、不信邪及固執行為上的瓶頸。

聽兒女忠言，別誤信詐騙

許多高齡者，若不是因為生不逢時，來不及學習電腦，就是覺得自己已經老了，用不著學也就更懶得學。甚至有些老年人因害怕電磁波會影響到健康，而拒絕使用３Ｃ產品。雖然懂得跟上時代潮流，退而不休，且精於各種電腦程式或產品使用的老年人也不少。但多數七、八十歲以上的人，手機只會用到接聽電話的功能罷了。

因此在資訊氾濫的現實社會中，年老者往往因為資訊不足，或是不懂得上網搜尋及確認，加上性格閉關自守，或自以為是的情況下，就很容易變成詐騙集團下手的對象。朋友家的女性長輩，特別喜歡收聽一些地下電台的廣播節目。而節目的男女主持人，也很懂得利用心理戰，親切地透過 Call In 跟 Call Out 的交流方式，與聽眾搏感情。

因此，長輩像著了魔般，拚命為了贊助主持人的廣告業績，而出手大方地買了堆積如山的各種成藥，並分別要轉送給家裡的子女們服用。怎麼勸都勸不聽，直到電台賣假藥的新聞上了報，才肯死心。

曾有一位八十多歲老先生的個案是這樣的，他在親朋好友熱心揪團的情況下，一起飛到了中國，參觀了當地靠海濱的房地產投資說明會。沿途受到相當禮遇的接待，不但吃得好、睡得也好，身旁又特地安排了位美女專門伺候，感受到有如帝王般的幸福。

他本以為只是隨團免費參觀的行程，豈知參觀團的行程快結束時，一路上挽著他，輕聲嗲氣、噓寒問暖的美女，突然無預警地打開門房，後面跟著兩位彪形大漢。原本的天使面孔竟然像中了邪似的，擺出一張兇狠的嘴臉，然後冷冷地丟給他一張同意購買房地產的意向書，並要預付十萬元人民幣的訂金。他老人家哪裡經得起如此無厘頭的恐嚇和驚嚇，當場居然就暈厥了過去。詐騙集團怕事情鬧大，就連夜設法把他送回臺灣。

而他居然是全團裡面，唯一沒有付出十萬元人民幣才能贖身的倖免者。但在他昏倒就醫的過程中，信用卡還是被盜刷了。事後子女們念在父親年歲已大，都不忍心太過分責備。其實自從父親決定參團一直到臨行前，他們都很反對。不止因為父親年紀大，完全沒有購屋的意願和能力，更主要的是擔心老人家猶如風中殘燭，隨時都有生命安危的問題。何況又是一人獨自在他鄉，家人真的很不放心。

反而事過境遷，他老人家經常會拿自己這段不愉快的遭遇，來提醒大家，天下沒有白吃的午餐，千萬不要貪小便宜，否則吃虧的終究還是自己。

對高齡者的行事建議

所謂識時務者為俊傑，藉此建議高齡者至少要了解、遵守及運用以下三點，並能夠做到明哲保身、進退有據、安守本分的地步。

第一點，要認知到年紀大了，體力、精力加上智力都在衰退中，凡事盡量不要太逞強，不要過分熱心與好管閒事。

切記「不在其位，不謀其政」的道理。尤其是對於子女成家立業後，其家庭的生活方式及家務管理，盡量給與年輕人自主的空間，愈少介入愈好。只要偶爾正面的給與鼓勵，和提供及配合即時的支援即可。除此以外，更要懂得寬心以待，提醒自己兒孫自有兒孫福，不用再為兒孫做牛做馬般地操心。

第二點，怕自己沒有太多的時間，可以繼續教育或傳授功力給晚輩，因此不是急於耳提面命，就是嘮嘮叨叨地瑣碎到不行。如此的做法只會令人更厭煩，而老生常談加上陳腔濫調，更是突顯自己不長進的弱點。最後反而形成了說者諄諄教誨，但聽者敷衍了事。

第三點，雖然說擇善固執是好事，但過分的執著，則容易變成剛愎自用的老頑固。晚輩們不是因為瞧不起老人，而刻意要抹殺長者的尊嚴，而是尊嚴必須建構在超越代溝的良性溝通上，與彼此尊重及樂意妥協的前提下。

所謂長者的風範，指的就是其人生的價值觀、理念及作為，有值得令晚輩們敬佩、仿效、追隨及傳承的價值。因此如果你老了以後，經常會有失落感，那麼就是你不能從自我的成就中獲得滿足。而且總是對別人的要求或標準太高，甚至導致令人怯步而不想接近你。

財務規劃要趁早

俗話說：「一毛錢可以逼死英雄漢，而英雄最怕就是病來磨。」貧窮和疾病，可說是高齡者無形的兩大殺手。這也是為什麼當你發現自己有「初老」的現象時，就要開始為將來必須面對「中老」和「終老」的生活品質，做未雨綢繆的準備。

所謂「有錢能使鬼推磨」，現實的社會就是這麼殘酷。人老了以後病痛多，用錢的地方相對也會比較頻繁。因此奉勸高齡者一定要有保命的自我危機，並且要有儲蓄或保險，以及足以給自己安心、讓晚輩們放心的財務規劃。否則，要知道久病床前無孝子，更千萬不要天真地以為臺灣健保制度可以媲美全世界，所以不用去擔心。但實際上在高齡社會的福利上，政府的預算依然拮据和短缺。此外，醫療資源的浪費，每年達約一千六百億元。

前美國總統約翰・甘迺迪（John Fitzgerald Kennedy）有句名言：「不要問國家為我們做什麼，而是我們能為國家做什麼。」同樣的，我們也希望年老的長者，包括我本人在內，都要自愛，且願為自己的生命負完全的責任，不要隨性且任意浪費國家及社會的資源。只要我們有心注意和節制，就可以多留一些有形或無形的資產給下一代子孫。

談到醫療資源的浪費，讓我想起了一個十分嘲諷的笑話。話說有一天，四個同住在一間病房的老人家，見了面開始聊天。其中有一位突然問說：「奇怪了！今天怎麼沒看見老王？」其中一位馬上不假思索地告訴他：「老王今天生病了，不能來。」

由於人老體衰，免疫系統差而後遺症又多。所以一旦生病了，就會特別害怕。因為在國人的刻板觀念裡，生、老、病之後，接下來就是死，怎麼不會擔心和恐懼呢？

其實並沒有人希望沒事進醫院，進醫院都是沒得選擇的選擇。我出生後就開始很常生病，如肺炎、百日咳、拉肚子、出疹子都找上我。當時想必是身體不適，所以日夜哭鬧不休。外婆和父母親幾乎二十四小時採三班制，輪流把我捧在手心。更是找遍了中西醫，甚至最後連醫生都認為無救了，而願意提前把死亡證明開給我們。

母親和外婆有空就四處求神問卜，所幸籤詩文上都說，我有生機且能享晚福。所以她們才願意抱著一絲絲的希望，把我死馬當活馬醫。而我也真的一路病懨懨地長到了四歲，之後才不用他人攙扶，開始能有元氣自己走路。

外婆告訴我，當她看到我小學二年級可以提著燈籠跟大家一起遊行的時候，感動得不禁提起袖口拭淚。可是直到今天，我都還沒辦法搞清楚，到底是什麼原因？倒是有位命理界的朋友安慰我說，凡是人一出生就命有定數。帝王將相也一樣，人生總歸是難逃時也、運也、命也的運轉，所以才有「十年河東，十年河西」之說。

所以他認為，我出生時是運途不佳，才會生病。雖說江湖術士不可迷信，但他這句話仍深深地烙在我心裡。更體會到天意難測，「命中有的終須有，命中無的也勿強求」，愈老愈能體會其中的奧妙。因此只要遇到莫名而檢查不出的病痛，我就會以「運途病」來自我安慰一番。

083　身體雖老化，但頭腦要清楚

小病不斷，我的體檢報告

老不等於死，但人卻會愈老愈衰弱，健康愈來愈差；也經常會碰到心有餘力不足、時不我與的情況，不妨安慰自己船到橋頭自然直，然後坦然面對。

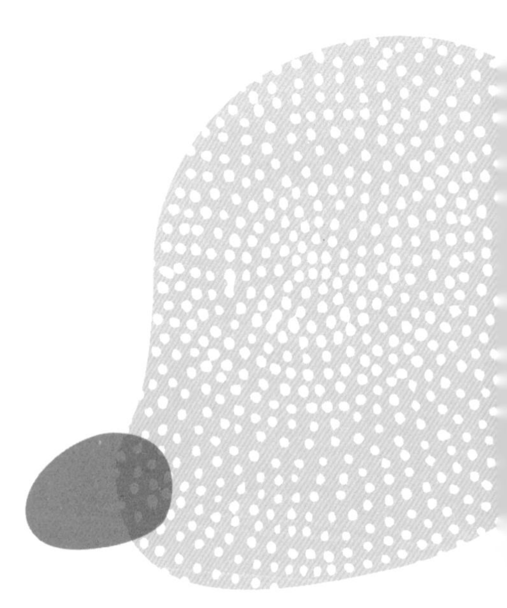

我到癌症病房探望一位虔誠的基督教徒時，因為他心中有堅定的信仰，所以反而安慰並鼓勵我：「一定要努力的祈禱，只要妳真的努力了，其他的恩賜就交給上帝吧！」這與我到老人院演講時，會跟老年人們分享：「如何做到盡人事而聽天命」，有異曲同工之處。

記得我六十五歲第一次進醫院做全身檢查的時候，醫生和護理人員都難以置信，怎麼會有人這麼不懂得珍惜自己的健康，從來不體檢？尤其當照完片子，跟我提起一些內臟器官的部位時，我還真搞不清楚，肝到底在哪邊、而肺有幾葉、心臟每分鐘應該要跳動幾下，才算正常。我的無知令他們驚訝。至於脊椎共有幾節，我更是從來沒研究過。雖然我曾因椎間盤突出及坐骨神經痛到寸步難行而入院治療，但只要病痛不再發作，你若問我正確的位置，我還是說不出個所以然來。

我是屬於是大病沒有、小病卻不斷的人，加上對於健康及醫療知識幾近無知，因此醫生和護理師都是我既尊敬又不敢冒犯的對象。也許正因為不知者無罪，而負負得正，讓我始終能在懵懵懂懂之中，不至於自己嚇自己或太小題大作。使我在老化的過程中，不會因過度緊張使病情加重。也因為信任醫生並完全配合的情況下，無形中具有一分抗壓能力。

我有一些親朋好友，則因為過度的注重養生，導致對於醫療方面的知識，努力用功的程度完全走火入魔。像是聽完心臟科的講座，就開始懷疑自己的心臟有問題之類。總之，只要聽完某一科目的講座，他們緊接著就會情不自禁地以有限的知識、醫生權威的口吻四處分享。與其說是心得分享，不如說是強迫跟自己或家人的健康扯上邊。若身邊經常出現這種人，有時也是會令人唏噓不已。

胃潰瘍纏身，照胃鏡經驗豐富

我不敢說自己是久病成良醫，但打開我的病例史，除了尚未發現諸如癌症、需要洗腎，或嚴重肢障的病情外，全身上下進醫院的紀錄，也算是勳章累累。光以胃潰瘍為例，我從二十多歲到四十多歲之間，細數進大小醫院，喝硫酸鋇再照X光片的檢查，應該至少也有超過十次以上。即使有按時服藥，一兩年後就又再發作，難以痊癒。而每次胃疼發作的情況，一次比一次嚴重。曾因痛到臉色發白、嘴唇發紫，還從床上跌滾到床下。

等到我進入中老後，臺灣的醫療器材也進步到改用照胃鏡取代X光，而且照胃鏡的管子近年來也由粗變細，並裝設了顯影攝影機。整個檢查操作的過程，記憶中也從開始沒有麻醉、局部麻醉，到目前可以要求全身麻醉。而近十年來，我至少又做了四、五次胃鏡檢查，我已經屬於經驗豐富的箇中好手。因此在照胃鏡的過程中，既不會嘔吐，也沒有要求中斷，一氣呵成，而獲得醫生和護理師們一致的讚許。

扁桃腺切除，腮腺「崩盤」

我的免疫系統本來就比較差，所以很容易感冒。扁桃腺發炎的情況愈來愈嚴重，且每次紅腫發燒的時間都愈拉愈長，因此在三十歲的時候，就把扁桃腺給切除了。

既然天生我材必有用，身體上的器官也應該珍惜，仍以預防重於治療原則。其實扁桃腺是具有過濾器的功能，果然切除後，我比較容易因感染而影響到上呼吸道。尤其年紀大了，不但容易感冒，且每逢感冒就會咳嗽不停，而成了宿疾。

以我個人的經驗，咳嗽通常到了晚上，比白天更厲害，情況也更嚴重。甚至有一次我咳到累倒而睡著了，隔天醒來竟然發現，昨夜放在床頭邊的面紙上竟然留有血跡。檢查後，醫生發現我的肺部出現白色的霧點。為了慎重起見，希望我能夠配合保持追蹤，最後診斷結果，很幸運的只是支氣管發炎。

我只要壓力大或者睡眠不足，兩邊的腮腺就會腫得像豬頭一樣。我曾聽說腮腺炎（俗稱「豬頭皮」）是小時候才會發生的事，而且好像一生只要發病一次就可免疫。可是我已經夠老了，卻還繼續在享用豬頭皮的重現。

悲哀的是我不到五十歲時，有一次照過片子後，醫生說我的腮腺其實已經鈣化了。別人的腮腺是呈通暢的管子狀，而我的則因為鈣化，變成類似珍珠帶狀，導致影響唾液的分泌。

治療鼻竇炎的悲慘經驗

說到鼻竇炎問題，這又是三十年前的老事了。當時在電台主持節目，同事因為看我鼻腔過敏老是不舒服，所以就推薦我去看一位醫生。這位醫師在我們電台有買廣告，並擁有廣大的聽眾。

而他用來解決鼻竇炎的治療，居然是用燒烤息肉的方式。當時年輕無知又愚蠢的我，竟然真的就乖乖站在他指定的地點，身體靠牆，再把頭抬高。就在眾目睽睽下，好像在接受私刑般地，緊閉著雙眼，任由他用鐵夾子把沾有藥物成分的東西突然塞往鼻孔。在一陣刺痛後，馬上聞到一股燒焦味，而手術也就算結束了。後來有人偷偷告訴我，其使用的藥物成分中有硫磺，但我已經沒有興趣知道了。

說到這裡，也許看倌們會有興趣問我，那到底有沒有效？因為時間真的太久遠了，而我真的已經忘了。只知道這樣的作風不是正統的醫療，也未必是合法。也是過了好多年後，才知道我的症狀名是鼻中膈彎曲。

由於我的父親和長兄都是因為大腸癌而去世，所以在第一次體檢的時候，醫生發現我的大腸裡面居然已經長了五、六顆的息肉。其中最大的為一點五公分，希望我能夠順便割除。但我拒絕了，我跟醫生開玩笑說：「為了身體檢查，我已經好幾天沒有吃肉了。豈可花錢讓你們來割我的肉？」但經過五年後，我第二次再去做體檢，終於同意把息肉給解決了。

由於長期姿勢不良且用眼過多，加上年紀也大了，終於經過眼科醫師的檢查，證明我的白內障已經成熟到非割不可的地步，不宜再拖了。於是分別動了兩眼的手術。

身體的器官一旦經過了外侵的手術或換了零件後，有時難免會有一些因人工或心理因素造成的後遺症。像是動過白內障手術一年後，又因為視覺模糊，必須再動雷射手術。但比起還沒有手術前的霧濛濛，還是要感謝臺灣醫療和醫術的進步。

為了生命安全，我放棄了高跟鞋

在六十五歲到七十歲之間，我已經開始漸漸發現，即使自己的精力還不錯，但身體的某些方面卻已經出現愈來愈衰弱的情況。

我算是一個城市女孩，從二十多歲就開始穿三吋高跟鞋。穿高跟鞋走路的時候，必須抬頭挺胸收小腹，而且膝蓋不能彎曲。否則走路起來，會像卡通影片裡面的頑皮豹一蹲一蹲的，更像是沒有拿拐杖的駝背老太婆，實在不雅觀。

而且走路的姿勢，更要像模特兒走伸展台步般，盡可能呈現直線。且不能外八字、也不能內八字，否則前者像是混社會的大姐頭仔，而後者則像是穿和服的日本女人在碎步跑。

我對高跟鞋情有獨鍾，雖然不一定是名牌，但有些是精心挑選，甚至跟皮包配整套，也有不少是請人手工訂製。且購買高跟鞋的足跡，除了臺灣，更遍及亞洲與歐美各地。

曾經有追求者因為欣賞我穿高跟鞋的小腿特別美，而老是故意走在後面偷偷地欣賞。我一直到五十幾歲，有一陣子細跟的高跟鞋不再流行，才改穿稍微粗跟的兩吋半高跟鞋。高跟鞋之美在於它整體的弧度和曲線，因此如果低於兩吋半的高度，我個人就覺得沒有什麼看頭了。

到了六十幾歲後，我耳朵的梅尼爾氏症又再度發作後。經常會走路走到一半，突然有一道白光閃過，接著眩暈而跌倒，甚至嘔吐不止。由於長期穿高跟鞋的關係，所以每次腳踝受傷的地方，就會特別的腫痛。雖然從沒有發生過骨折的現象，但連續幾次後，發現恢復的能力愈來愈差，而痊癒的時間似乎也愈拖愈長。於是在七十歲時，決定和陪伴我超過半個世紀的親愛高跟鞋們，正式宣布割愛說再見。

有件事我至今印象深刻，曾有一天在電視上看到蔣宋美齡（丈夫蔣介石）九十多歲了，還穿著高跟鞋上台致詞。當下也期許自己能夠如此一般，可是沒想到因為身體健康的關係，我為了保命安全起見，不得不放棄了穿高跟鞋的習慣。

睡眠障礙讓我天亮才入眠

無情的歲月，最容易考驗人性的弱點。而年老了甚至不用刻意等到考驗，就會很自然地把弱點一一呈現。我雖然食量小又不太會喝酒，但一直欣賞大口吃肉、大口喝酒的氣魄。沒想到自己過了七十歲，光喝口水都很容易被嗆到。而且幾次差點發生上氣不接下氣，近乎休克的情況。

而半夜更慘，先是經常被剎那間僵成硬塊，又疼痛到不行的腳抽筋突襲。加上長期失眠，睡眠的品質本來就已不佳，偏偏膀胱卻又不爭氣，頻尿造成每夜至少要爬起來上廁所兩、三次，且愈老愈嚴重。有人建議晚上九點以後，就不再喝水或飲料，免得頻尿和水腫。但我經常就是因為失眠，而熬夜到凌晨兩三點，甚至早上七、八點才能入眠。因此在喝水和小便之間，我還是得選擇口乾喝水或餓了吃宵夜。

我是個長期有睡眠障礙的人，剛開始會有些緊張，想必是工作忙或壓力大所引起。因此就試著躺在床上全身放輕鬆，並閉上眼睛開始數羊。結果不但羊隻從個位數到成群結隊，甚至十二生肖全數遍了，且不知道已開了多少座的動物園，但結果仍無法舒心入眠。也企圖浸泡熱水澡、讀枯燥無味的書本，或聽柔和催眠的音樂，可說是百般武藝均試過，但終究無效。

親朋好友中有失眠問題者比比皆是，因此紛紛慷慨解囊。送來的維他命、褪黑激素到各種安眠藥，幾乎堆滿了藥櫃。為了感恩，我幾乎都會嘗試，但往往晚上八、九點服完藥就上床，結果竟然到了凌晨三點，精神依舊抖擻，要不然就是有藥物副作用。

生活除了是種態度外，同時也是習慣的養成。而習慣一旦變成了生活中的負擔或造成別人的壓力時，就不再是好的習慣。偏偏習慣有時已被養成或環境提供，甚至是自己個性使然。

我在日夜顛倒、養成晚睡晚起的惡性循環下，經常是帶著黑眼圈到電視台錄影。若非透過化粧師的巧手，臺灣貓熊選拔，我大概一報名就得入圍。醫生最後只能安慰我說，我是屬於天才型的人物，就像愛因斯坦和拿破崙，他們每天的睡眠也都只有三、四個小時。

雖然非豐功偉業，但沒想到在病痛上可以跟名人和偉人沾上邊，於是從此決定放寬心、順其自然，不再刻意在這個議題上鑽牛角尖。反而利用夜闌人靜的漫長時間，做自己想做的事。一旦不再被困擾或框住，問題也就再也不是問題了。

只要學會心理調適，就不需再自怨自艾。反正人老了百病叢生，整天不是這裡痛就是那裡不舒服。總之，學會與病痛共存，將會是老人的美德之一。

齒牙也開始動搖

母親因為生過太多胎，所以鈣質嚴重流失而牙齒不好。但外婆這一生卻從來沒有看過牙醫，她到七十多歲的時候，還可以咬甘蔗，驚嚇了所有的孫子們。只見她露出牙齒，得意的笑呵呵。

我從小就很喜歡啃骨頭，像家禽類的雞鴨鵝，包括家畜類的豬牛羊在內，反正不論是煮炸蒸炒，從脖子、翅膀一路到尾椎都不放過。照理說，我的鈣質吸收應該是夠的，但就在前年，醫生告訴我有牙周病的時候，真的很驚訝且難以接受。而且也搞不清楚，原來牙周病和鈣質的多寡並沒有直接的關係。

牙周病是由黏附在牙齒表面的牙菌膜所引起的。如果口腔衛生欠佳，牙菌膜就會長期積聚在牙齦邊緣，而造成牙周病。為了能夠早一點清理牙周病，所以我就無知地拚命刷牙。由於過分地用力，導致牙齦萎縮得更快，而牙齒的縫隙也愈來愈嚴重。

關心我的醫生、朋友和粉絲們，送我各種有相關療效的牙膏。除了不定時的會去找醫師清理外，平時口腔的衛生，則改採用我外婆時代，最原始的古方——就是自調濃度足以結晶的食用鹽水來刷牙和漱口。更有友人建議刷完牙後，含口苦茶油或橄欖油，五分鐘後再吐掉，則有益齒縫的連合。但因為含油不是很舒服，所以一直沒試過。

當牙齒開始分崩離析或咬合出現問題時，恐怕也就是要跟口欲和美食，保持距離以策安全的時候了。而且怕嗆到或噎到，彷彿又必須回到孩童時代的家教，吃東西不准說話、喝水不要太大口。

再說到血壓、膽固醇和血糖，這三種國人最擔心的健康指數，我通常會把它當作是市場或股票的行情，總是起起落落，幾家歡樂幾家愁。而且血壓和血糖或多或少與遺傳基因有關，像我外婆有高血壓症狀，我母親和我都是低血壓。

以上是我的總體檢報告。雖然中年的時候，也曾經因為心肌梗塞住過院，但至今數十年都不曾再發生過。年紀大了，偶爾心悸也是難免的，加上胃食道逆流及耳鳴不斷，但總是小困惑，不值得大驚小怪。倒是眩暈情況愈來愈嚴重，只好提醒自己出門儘量有人陪伴，動作不要太大或太快。

跟我比較熟的朋友，都知道在飯局裡，我最討厭有人一出菜就先提到膽固醇和卡路里。生命隨時都得接受死亡挑戰，而生活中處處埋藏著意外。若不幸發生了急症，等被送到急診室後，再來提心吊膽是否還有機會重返人間也還不遲，又何必老是自己嚇自己呢？何況好友聚餐是件多麼愉快的事，何必掃興呢？

人老了，要加強自己的抗壓能力並減少誘惑。身體的不斷衰弱，就是隨著年齡快速地在消耗你的精力和體力，尤其是意志力。病痛將會無孔不入，而痛苦和不愉快的感受，也會多於幸福和快樂的時光。既然好歹都要活下去，因此要常激勵自己，發揮戰鬥精神，才不會被病魔徹底打倒。

第二部

為自己安排愈活愈精彩的銀髮生活

老人家最需要的，
就是在他們平靜的生活中，
對他過去的歷史給與肯定，
而對他現在所作所為給與認同即可。
高齡者的索求真的不多，
他們要的就是一分
被世代尊重的存在和價值感。

愈老愈緩慢，高齡人的行動準則

尤其年紀大了更要學會沉著冷靜，多觀察、少說話。

無論對自己或別人，都要放慢速度。

此外，要在生活上養成良好習慣，做好準備，才能預防萬一。

體力可以訓練，而精力也可以補充，但到了高齡，不得不體會到欲速則不達的哲理。青年或壯年時期的衝、拚、打、撞、跳，都是希望能夠早一點達到目標，早一點有所成就，或是早一點能夠回饋父母。

因此無論是創作者，事業版圖的擴張者，還是忙於張羅一家大小的家庭主婦，他們在忙碌中，總覺得一天二十四小時都不夠用。可是等到年紀大了以後，你開始會感受到，好像是真的想忙也忙不過來。

即使你貴為集團的董事長，已經不再是創業初期，帶著大家一路衝鋒陷陣，凡事必須親力親為的領頭羊。如今你成功了，但也老了，雖然還穩坐在董事長的寶座，但實際上你存在的價值，已經漸漸地變成了企業的註冊商標。你再也不能夠像年輕時一般，可以完全發揮個人的領導魅力，強勢而霸氣地主導著企業的方針。當時你在公司就是權威的代表，而你的發號施令就是法律。

但曾幾何時，老臣已經開始引退，而二代接班者紛紛卡位。不是必須面對財產的分配，就是企業準備如何讓股票發行上市。企業發展的過程中，每一個進階或轉折，都需要你的存在。但無形中你也會慢慢地感受到，事業愈做愈大，頭銜也愈來愈多，但夜深人靜的時候，你或許會出現另一股高處不勝寒的孤獨與寂寞。

因為人們不再與你交心，他們也不想了解你，因為你太具權威了。對他們來說離你太遙遠了，甚至他們心目中也早已經把你神化了，崇拜得只能用仰望兩字來形容。

為什麼英雄也會氣短？就算是權力再大的總統，無不希望自己能夠有所作為，爭取人民的信任與連任。但往往還是會出現力不從心或事與願違的情況。所謂人有千年的計劃，卻沒有百年的歲月。因此當你自己並不覺得老，可是別人卻認為你已經老了，而且早就該退休時。不妨放慢腳步，而反躬自省，是否自己太過有信心了？還是性子過急，凡事都得親力親為，不假他人之手？或是只知道拚命苦幹，卻不懂得權力下放，或歇下腳來分享成就？還是明知已經衝過了頭，但就是不肯就此罷手。因此易惹來年輕的晚輩們，心中犯嘀咕，覺得沒有前途，甚至詛咒著「老而不死，謂之賊也！」

事緩則圓，對自己對他人都更有耐心

我有一位中小企業的朋友告訴我，他的父親到死的那一天，都還在工作的崗位上。所以他也決定活著的每一天，都把時間用來工作。而他也用這樣的心態，同時來要求妻子和家人，他的事業果然拚出成績，而且成為臺灣人的驕傲。可是他的兩個兒子偏偏都不願意接手，令他傷透腦筋。

坐在一旁安靜聆聽的妻子，終於忍不住的插話說：「整個工廠裡，恐怕除了我以外，沒有人能夠配合或是達到他的要求與標準。」我好奇問為什麼？

這位企業家夫人搖頭嘆氣說：「技術的傳承是需要時間跟磨練，我們的兩個孩子才剛從大學畢業，要訓練他們從基層幹起，我一點也不反對。可是要他們技術方面，馬上就上手怎麼可能？我們夫妻倆花了二、三十年的功夫，才弄出這麼一點的成果。孩子再聰明勤快，沒有在現場實際操作個三、五年，根本是行不通的。」

她欲罷不能地繼續數落下去：「時代已經不同了，現在的年輕人要找的工作，不是坐在冷氣房，就是比較輕鬆的服務業。就算要他們來接班，也要多花一些耐心和鼓勵。」她的結論是「慢工出細活，且事緩則圓。」

慢慢體會人生中的細節與精髓

我有位亦師亦友的忘年之交，他就開玩笑說，他和他太太的個性全然不同，可說是急驚風遇到慢郎中。他是凡事快快快，而他的妻子則有空就慢慢慢。

但一晃眼，他們竟然也和平共處了七十年。參加他們結婚紀念日的慶典時，他舉著斟滿紅酒的杯子，用着高亢的聲調說：「前半生我除了行房這件事外，幾乎都生活在快快快的步調中。反而現在我老了，後半生想一切慢慢來，但我太太卻突然改變了她一向慢條斯理的風格，每天都在催我要快快快。也許希望我快快走，她可以慢慢再嫁人。」惹得哄堂大笑。

我常笑說，我是道道地地的「臺獨分子」。丈夫早走，而子女們均已成家立業，分散在各地，只剩下我一個人獨居在臺灣。因此最怕半夜突然接到電話，通常不是有緊急事件，就是電話打錯了，前者是令人心驚膽跳，而後者想幹譙卻不知道對象是誰。

有一天半夜，當我突然接到這位忘年之交的電話時，心裡著實地嚇了一跳，以為他們家發生了什麼事？結果是虛驚一場。原來他老人家半夜尿急起來上廁所，突然想到我也老了。基於長輩的身分，他認為應趁還沒有失智之前，分享並提醒我一些事情。

因為他知道我和他一樣，都是急性子直腸子且快人快語。所以他以過來人的身分，苦口婆心地勸我，人要活到老要學到老，尤其年紀大了更要學會沉著冷靜，多觀察少說話。非到發言不可的時候，最好也點到為止，得饒人處且饒人，不要太咄咄逼人。人生在世不過幾個秋，凡事不必太認真、太執著等。他長篇大論超過半個小時後，我再也忍不住，開玩笑地嗆他說：「你這算不算是『人之將死，其言也善』乎？」他噗哧一笑道：「應該算是吧！」

我想尿急也許只是部分藉口，而半夜睡不著，想找個可以聊天的夜貓子才是真的。他還告訴我，他活到九十歲了，終於才悟出，現在正流行的慢活主義，其實就是為了能夠慢死。而要達到這個目的，就得先體驗出慢活的精髓。

他跟我分享他每天最感到幸福的時刻，竟然是他早上醒過來，睜開眼發現自己還活著時。他的第一個動作，就是先來個深呼吸，再慢慢地把身子全部伸直了，再慢慢地轉身側彎。然後才慢慢地坐起來，用他的雙腳緩慢地在地板上左右撈鞋。等到拖鞋終於穿上了，確定自己可以慢慢地站起來，然後才走向洗手間。先輕咳一聲讓喉嚨清爽，然後再對著鏡子裡的自己說聲「早安」，而一切都在慢慢的動作中完成。

只不過是簡單的起床動作，但他卻鉅細靡遺地形容了老半天，也許這就是老人家的叨絮吧！他繼續用著興奮的口氣跟我說，你想想看，有多少人可以活到九十歲？就算能夠活到九十歲，又有多少人每天可以健康的坐著、站著、走著、吃著、拉著，去證明自己還活得好好的？這下我全明白了，要活得久、活得老、活得好，最重要的是健康。而活到九十歲還健康，真不是件簡單的事，豈能不感到幸福？人一旦衰老了，很自然地動作也會跟著慢起來，即使像我急躁的本性，似乎到老了還是沒太大的改變。但很明顯的體力還是有差，你的行動已經無法再配合你的指揮時，還是必須謙卑地向老化妥協。為了避免給自己生活上帶來不便，或替身體上帶來不必要的傷害，你就得開始學習；試圖用事緩則圓的境界，來安慰或鼓勵自己。

改變習慣，避免不必要的尷尬

老年人最害怕跌倒或摔跤，因為骨折的代價太昂貴了，因此要先學會走路放慢步伐。什麼錢都可以省，但老了以後，買雙舒適，簡便又好走的鞋子，比什麼都重要。我一位閨蜜就強調：「丈夫可以換，好鞋卻捨不得丟。」老人家的活動空間多半都在家裡或室內，由於都習慣穿拖鞋，而非打赤腳，因此拖鞋的品質就很重要。否則太大或太小，都容易卡住而跌倒。戶外走路除了要放慢腳步外，千萬別學年輕人，一面走路一面滑手機或聽電話，更不要為了趕時間而闖紅燈。

若不想在飲食時吞嚥困難、嗆到或噎到，就得開始享受細嚼慢嚥，並學會一小口一小口的吃。而萬一家中有晚輩，嫌你吃的菜肴煮得太軟爛時，別急著與他爭辯。只要慢慢地從廚房的櫃子裡，找出已經不用的鍋子，請他們另起爐灶即行。

除非經濟情況不得已，否則上年紀的人也要盡量避免老是重複地吃隔夜的飯菜；一則養分已經流失，二則只會造成腸胃的消化不良。附帶提醒一下，喝咖啡雖代表年輕化，但咖啡利尿。因此喝完後不久，就會想上廁所。上了年紀的人，恐怕喝咖啡前必須先看好廁所的位置，免得在公共場所出糗。

老年人也不是每個人的衛生習慣都不好，只是容易健忘而已。如果家裡不是裝有自動化免治馬桶的設備，則不妨請水電工，在家用的抽水馬桶旁，多增設一支如廁完可以沖洗屁股用的水槍（在回教國家的公廁所均有此設備）。如廁之事雖然看起來是小事，但事畢若不處理乾淨，則後遺症太多。總之保持身體乾淨，可避免感染。

避免失智就要訓練自己的記憶力，不妨把一些重要的必須用品，例如：手機、鑰匙、錢包、老花眼鏡、捷運卡、健保卡以及身分證等，都放在一個固定的小手提包裡。否則就分別放在固定的地方以便拿取，像玩尋寶圖似的，每天早上再一個一個慢慢地收集起來，放進包包裡。如果是自己獨居，也一定要記得把所有的電器用品，像電燈、電視、收音機、除濕機，以及瓦斯爐等，全都列成清單，睡前全部檢查一遍，是否有關閉開關。

十多年前曾看過 Discovery 頻道上播放一支防範記憶力減退的影片，因為我不是唸科學的，所以只能憑久遠的記憶，用我所能理解的語言來跟大家分享。

影片的內容提到，我們人腦的記憶體像樹根和分枝一樣，有如交通網絡，不但四通八達，且密密麻麻地連結在一起。當你在搜尋記憶時，有的時候你會突然忘記或想不起來。這時候，通常一般人都會採取算了或不在乎的態度，心想，反正也不是什麼重要的事情，一時想不起來也無妨。

但專家認為這不是好的習慣，也不是值得鼓勵的作法。因為你若不設法去想起來的話，記憶體的連結就會出現中斷。若是讓這種情形繼續不斷地發生，總是出現這裡斷一下，而那邊又斷了一下。漸漸記憶網的斷線和破洞，也就會愈來愈大；相對的，你的記憶力也會愈來愈差，大腦也會受影響而愈來愈萎縮。這個影片的內容對我影響很大，並且讓我六十歲後就養成了強迫重拾記憶的訓練。每當我想不起一個人名、一個圖像、一件事情或一樣東西的時候，我絕不罷休，一定會設法在一兩天、甚至一個星期內把它想出來。

我辦公室的同事們都很年輕，他們都認為我的記憶力超好，簡直不像我的年紀。現在回想起來，也許是跟我長期以來的自我訓練有關吧！

前幾年因為嚴重失眠造成頭痛，去看了腦神經科。醫生是好朋友，所以當他在看我斷層掃描的片子時，一直搖頭並嘆了口氣。我心想這下可不妙了，會不會是腦子裡長瘤？於是我跟他說：「放心吧！我很勇敢的，請告訴我實情，我承受得住！」

結果他笑著說：「恭喜妳了，只能說除非是基因，否則像妳這麼日夜顛倒的頹廢生活方式，而且活到了這把年紀，沒想到妳的大腦竟然比年輕大學生的還飽滿，而且完全沒有萎縮的現象。」讓我鬆了口氣。

即使動過了白內障的手術，眼科醫師把近視和遠視調整好，但通常都會勸說別調整老花。因為只要年紀愈來愈老，老花眼的程度也會跟進，調也等於白調，反而容易跌倒。

現在的老花眼鏡很便宜，建議年長者不妨多買幾副，放在家裡的客廳、書房、廚房、臥室或廁所等，隨時伸手可及的地方。免得老是著急找不到自己僅有的一副老花眼鏡，最後才發現竟然一直戴在自己臉上。

老年人的生活大部分屬於靜態，因此若沒有老花眼鏡，無論看報、看 iPad 上的連續劇或各種手遊，都會造成很大的不便。

多一分準備，少一分風險

手機對老年人來說，跟年輕人一樣的重要。因為這是一個若沒有手機，生活機能隨時都可能會當機的時代。不論你對手機的功能了解多少，只要會打電話和接電話，至少也為自己刷下了存在感。但最重要的是除了要擁有手機外，一定也要記得每晚睡覺前將它充飽電。

尤其像我經常有在玩手遊，耗電量驚人。因此隔天早上醒來，都會先檢查一下右上角的充電量是否已達百分之百，方可安心或帶出門使用。否則萬一出什麼狀況，連打一一九求救的機會都沒有。

一位久違的老朋友，他們四個兄弟姐妹輪流照顧中風後半癱瘓的父親。為了方便父親的使喚，他們在他的手機中設定按鍵，代表著他們四個人的代號。常利用這個手機的代號和父親玩起猜謎的遊戲。有時父親按錯，例如想找一號的大哥，卻按到三號，結果三妹會乘機撒嬌埋怨父親偏心之類的……讓父親心情好些。他們每天睡覺前都養成替父親的手機充飽電的習慣，然後會把手機放在離父親最近的地方。

有一次輪到父親搬來和她住，因為丈夫出差而孩子外宿，所以她安頓好了父親上床睡覺後，她才開始去洗澡。可是沒想到意外就這樣發生，父親竟然從床上跌下來。最令人不敢置信的是，他父親居然還能強忍痛苦，用顫抖的手去按一起摔落在地上的手機。

等到她洗完澡出來，想順便再去查看一下父親的情形，才發現父親早已躺在地板上。嚇得她正準備通知一一九時，門鈴聲突然乍響，她趕緊打開門，竟然其他三兄妹各自都出現在眼前，原來是父親通知了他們。

老人家在孝順的子女們的悉心照顧下，經過兩三年的努力復健，終於可以拄著拐杖，慢慢地學著自己走路。連醫生都稱讚，這麼大的年紀，還能有這麼好的成就，簡直是奇蹟。

上了年紀的老人在外面走動的機會少，加上運動也不會太激烈，因此汗量也不多。最主要是新陳代謝緩慢，皮膚容易過敏和乾燥。因此建議不需要每天都洗澡，也盡可能不要使用肥皂。

年紀愈大愈要特別小心，尤其洗澡的動作一定要慢慢地進行，而浴室的安全措施更不能疏忽。人過七十最好不要再逞強，學年輕人站著用蓮蓬頭沖洗，或是在深而大的浴缸中泡澡，起身一不小心滑倒重跌撞到頭部，就無救了。特別是一個人獨居時更危險。

我的二弟，幾年前在家裡的浴室洗澡，意外滑倒撞到後腦。由於妻兒均移民國外，他因工作關係獨居臺灣，結果因失血過多而身亡。還是警察通知後，由我出面認屍，享年才六十八。這也是為什麼我個人主張，八十歲以上的長者，最好能夠採坐板凳上的洗澡方式較為安全。

除了手機外，老人家的房間裡面還是要裝電話機。不論是主機還是分機，都要選擇能顯示出來較大數字的機型。最好也要備有緊急狀況求救用的各種電話號碼，包括醫院、警察局、消防局、社會局，及家人等的備忘錄。

我的個子矮加上性子急，走起路來像是快速的碎步機。因此每次出門，不論是同事還是老朋友都會提醒我，走慢一點，否則會跌倒。但習慣成自然，所以我老是忘了放慢腳步，都要等到真的跌倒了才來懺悔和喊冤。

於是我開始訓練自己，要出門前總是先心理建設，並提醒自己幾個問題：「今天的事情有多重要？」、「出門的時間是不是要提早？」因為我一向很守時，所以我就多加了一個問題：「如果遲到了，會不會對事情造成負面的影響？」或是「見面的人會不會因此而與我絕交？」

為了提醒自己，凡是錢可以解決的都是小事，而死不了的事情都不重要。所以凡事不用急，慢慢來。

虛張聲勢又多疑，只是為了獲得關懷與肯定

高齡長輩為何常有些令年輕人不解的行為呢？多半是因為缺乏安全感、孤獨寂寞，或者是感受到自己不再受到尊重。晚輩們應該從不同方面去觀察，找出應對之道。

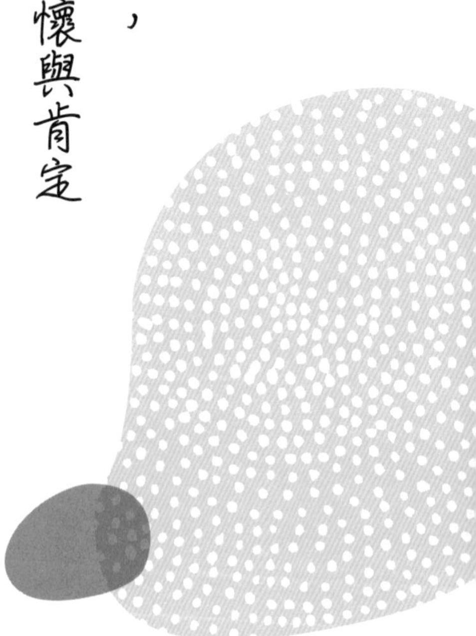

最常聽到高齡者對自己的評價就是無奈的嘆息：「唉呀！人老了，沒用了。」身體衰老的確會令人意志消沉，加上大部分的老人，退休離開了工作崗位後，常常會無所適從，便開始懷疑起自己的價值和被需要的存在感。

我有一對相當支持我的義工夫妻，丈夫是國家中央級單位的高階文官，而太太也是公家機關的職員。他們還沒有退休前，丈夫經常會積極的安排飯局，或找人談古論今評時政。所以我期待著他們這麼優秀的人才，退休後到我們基金會來繼續奉獻社會。

可是出乎意料地，妻子退休不到一個月就來跟我報到。可是她丈夫雖然有承諾，卻音訊全無。我親自打了電話去邀約，但結果也是推三阻四，甚至最後連電話都不接。

我對於他退休後竟有如此差異的改變，感到十分訝異。根據他妻子的描述，剛退休下來的時候，她先生還很開心地表示無官一身輕，可以好好地邀人到家裡打牙祭和打麻將了。可是三個月後飯局就愈來愈少，而牌搭子在半年後更是無疾而終。

倒是他的妻子一下參加合唱團、一下子報名到社區大學修學分、一下子參加國標舞，不然就是跟朋友揪團出國，簡直忙得不亦樂乎。但她的任何活動，其丈夫都拒絕參與，不是一味地放任她自己去發展，就是表示活動內容太無聊。

一向西裝筆挺、十分注重外表，且好修邊幅的丈夫，竟然會在退休不到一年的時間內，變成了既邋遢又不積極的居家流浪漢，令其妻好失望，卻又奈何不了。其實從她丈夫的行為表現中，可以發現一些蛛絲馬跡。他的行為跟退休後的無用感、失落感有很大的關係。在退休之前，他一直是領導階級，不是受到前呼後擁，就是外出巡查時，總是有人奉承和拍馬屁。

退下來以後，剛開始同事或屬下還會給面子，捧場請吃個飯或偶爾陪打個牌。但終究官場比商場還現實，且人情薄如紙，一旦失去了地位和權力，講難聽一點，你對他們而言就只是一個再也打不響的屁。而這種衝擊對當事人而言，簡直是啞巴吃黃蓮，有苦說不出。

我記得二十多年前，陳履安當國防部長的時候，他希望我可以開始安排，為軍中即將退役的校級軍官們上心理輔導課。軍中和社會的體系，在實質上是有很大的差異性與隔離感。很多人自以為官拜校級，在軍中成千的阿兵哥都必須聽他指揮，所以容易陷入對未來前景的迷思。心想，只要軍中退下來，隨便到公司行號去當主管，或是自恃身體魁梧不怕辛苦，隨便開個餐廳也都是小事一樁。可見當時的軍人在思想上是相當封閉，且不太了解軍中以外現實社會的狀況。真正的挑戰是一旦退休、卸下軍裝，面對的社會就是一個自由資本市場。不但競爭激烈且弱肉強食，而勝者為王，敗者為寇，更是商場上血淋淋的寫照。

加上他們完全忽略軍中是另一個世界，軍人是以服從為天職，在軍中只許一個口令一個動作。但在自由的市場，老闆可以開除員工，而員工也可以不甩老闆。我當時要求先開心理輔導課，再開生涯規劃課程。無非就是希望他們將來退伍後，在面對落差太大的現實挑戰時，不會因挫折，而認為英雄已無用武之地。否則心態上的無力感及失落感，與對社會的不滿情緒，進而也會影響到個人及家庭的生活和諧。

孤獨會造成老年憂鬱症

臺灣研究老人的專家們，早列出許多影響老人心理健康的因素，或是老年人多種常見的心理問題。

有份美國精神心理健康的報告指出，在美國有超過百分之二十五的老人有明顯焦慮、憂鬱的心理障礙。而每一百個老人當中，就有十到十五人患有憂鬱症，而這個數據正在每年增長中。但願意真正接受憂鬱症治療的老人，大概不會超過百分之十。

其實生活在時下的臺灣，社會變化的快速、經濟負擔的沉重、工作職場的高壓、速成情感的挑戰，若再加上必須對高齡長者的關照，以及子女的親職教育等，更別說還有愈來愈多不可預測和防範的天災人禍所造成的嚴重傷害，更令人痛心而深感絕望。

因此，別說是晚年孤獨的老人家，就連正值年輕有為的壯年們，都面對不憂鬱也難的狀況。所以在臺灣十五歲以上的人，幾乎每十個就有一個人有憂鬱症，而且患病的年齡也一直在下降。

由於憂鬱和憂鬱症之間的判斷常被國人忽視。「憂鬱」指的是感到一種沮喪的情緒，像是「重要的約會臨時被取消」、「被老闆叫到辦公室猛K了一頓」或「單純的只是月經來了」，或剛好怎樣怎樣之類的，這種情緒很快就會雨過天晴，不用太擔心。

不過臨床上的「憂鬱症」，是很難單靠意志力控制的疾病。可以發現在憂鬱症患者的大腦中，調解情緒的神經傳導物質明顯出現了失調。

而這種低落的情緒，至少可以維持兩個星期。並在某個程度上，已經干擾到你的生活作息。因為除了原本的低落心情以外，還會有失眠、嗜睡、全身乏力等狀況。對原本很喜歡的事情也都提不起勁來，食慾和體重也會出現變化，經常莫名其妙的想哭，覺得自己不夠好，老是對不起人家。情況嚴重的時候，甚至還會有自殺的念頭。

一旦發現家人或親友有這種情況，就要多花一些時間聆聽和陪伴；而不要過多的說教和干涉，最好鼓勵去尋求專業醫療的協助。而且要告訴他們，憂鬱症不過是大腦與心智的感冒，只是暫時失去健康狀態，但並不是一件可恥的事情。更何況，只要透過適當的藥物和心理治療，絕對能夠復原和改善的。

尊重高齡者的付出與價值

曾經有人問我：「黃老師，妳為什麼不會得憂鬱症？」我幽默回答：「我都是在造成別人的憂鬱，自己怎麼會得？」人老雖然是一種自然的規律，但大部分老年人的命運，都是被迫不得不學習與孤獨共存。大部分的時間更像一艘破舊的棄船，茫然沒有目標的漂浮在海上。但不論是孤獨感、失落感和無用感，也會常因個性和環境使然呀！

譬如有一些平時比較溫順而理性的人，老了以後反而變得更壓抑。認為既然已經時不我與，又何必多浪費口舌和時間？

而原本性格上就比較情緒化的人，則有可能變得更任性或更幼稚。會覺得反正我已經老了，既然管不了別人，但別人也休想管我。這也是大家口中常說的「老小老小」。人老了有時在心態上，並非真的要返璞歸真，只不過是想能夠像小孩子一樣任性地當自己。

可惜晚輩們看不清這一點，總覺得長輩怎麼老是一副悶悶不樂樣子？或者怎麼會出現一些莫名其妙和古里古怪的行徑？而且通常家人都只限於在心裡質疑或犯嘀咕，即使會感到奇怪，卻也很少會主動進一步地付出行動，去關心、了解、聆聽、安慰和協助老人家。

要不然就是經常會以指導者身分自居，不斷地提供一大堆關於老人心理問題的建言，甚至會用著不耐煩或教訓的口吻來激怒他們。殊不知老人家走過的橋都比年輕人走過的路多，道理人人會說。但對於衰老的長者而言，不僅僅是為難，也是他們內心深感遺憾的地方。

西方的親職教育裡面只有「獨立」、「尊重」和「包容」，並沒有「孝順」和「回饋」；對華人而言，「孝」就是關照，而「順」就是配合。時下臺灣的家庭教育，由於少子化的普遍，因此每個孩子幾乎都是寶媽下的媽寶。一旦被寵被慣壞的孩子，是不懂得老人家活在世上的歲月已經不多，而其一生都在為國家社會和家庭奉獻。因此真正孝順的子女，是不會只光出一張嘴，而且還是臭嘴、髒嘴和賤嘴。

例如：「爸爸你又不是小孩子，吃東西的時候要把嘴巴閉起來，不要老掉得滿地都是。你知道我們打掃起來有多辛苦嗎？」

「媽，妳就少管我和我們家媳婦的事。妳看妳自己，爸爸年輕有小三妳都管不了，還好意思再來管我。」

「爸爸媽媽我跟你們說，這一切都是為你們好！如果你們不趕快把財產分配處理一下，萬一你們有個三長兩短，只會讓我們兄弟幾個打成一團，或是告來告去的，到時候你們也死不瞑目，對吧？」。

原本還可以溝通的機會，從此裝上了自動鎖，沒有密碼是不會再開放，而老人家偏偏故意把號碼給忘了。其實除非是真的失智了，否則多數的老人家，是不想在他所剩無幾的歲月裡，再與晚輩斤斤計較。因為每個老人家的心中都自有一把尺，而這把尺是留著用來量自己的棺材和死期。

容許老人家的任性

以前是六十而知天命，現在雖然壽命延長了，但人一到了七十歲以後，儘管希望自己可以活過百歲，終究還是得為自己的最後一程有所準備。或許會有人拍胸脯逞英雄說他不怕死，可是在現實中當子彈真的打來時，卻往往躲得比誰快。

人之所以愈老會愈怕死的原因，除了因為死神就是你的近鄰外，也還是牽涉到人性的弱點。包括惡習難改，但只要是跟生死攸關的，惡習不但可以改，而且馬上立刻就能改。我父親是個典型的老菸槍，尤其他在政壇上打滾的那些年，幾乎每天菸不離手。不是他先遞菸請人，就是人家請他而難以謝絕，要不然就是自己上癮了再多抽幾根。

總之，在那個時代，有個尼古丁濃度頗高的香菸品牌叫「新樂園」。我父親每天固定要抽兩包。小時候我坐在他腿上，他吸口菸再吐出煙圈，而讓我呵呵笑地用手指去串連，所以從小就聞慣香菸的味道。長大後看他飯後一根菸，快樂似神仙的滿足神情，連我都有想學抽菸的衝動。也許因為有這段親情的回憶，至今即使全面戒菸，我也仍不認為抽菸是罪大惡極。只是因為環保，而個人嗜好不再被普遍接受罷了。

父親年紀大了，每逢感冒他就咳個不停，家人都紛紛勸他該是戒菸的時候了。但他不是笑而不語，就是嫌我們太囉嗦。直到他因為肺積水被強制要求到臺北大醫院檢查，醫生在他的X光片上，指出很明顯且有可能致癌的黑點後，父親在隔天就立刻戒了菸，且到他九十多歲去世前未曾再觸碰過。

所以不用太在意，或看不慣老人的惡習，他自己懂得珍惜自己的生命。主持電視節目時，曾經採訪位原住民的人瑞，他跟我說過：「那些勸我不要抽菸、喝酒、吃檳榔的醫生都比我早走了。」

所謂「知性可以同居」，跟年老的父母親住在同一個屋簷下，那是他們與子女共同擁有的歷史，只因為他們衰老了，所以對熟悉的環境不想再做大幅度的改變。因此為人子女者，若認為「龍非池中物」，自己有能力購置新屋當然好。否則一起生活時，還是要以老人家的安居和方便為首先的考量。

老人家的行動和社交範圍會越來越小，而整理環境衛生的能力，相對地也會越來越差，但並不表示他們完全不在意對房子的行使權。因此當晚輩們要進行老宅相關的整修、家具移動，或遷出遷入等動作時，也要記得先知會老人家，或與他們商量及徵求同意。

其實老人家只是故意讓神經變大條，而不是沒有神經。曾經有位讀者問我，假如家裡的長輩被醫生宣布得了絕症，是要告訴他還是瞞著他？如果換作是我自己，我不希望醫生和家人瞞著我，雖然得到絕症，是令人驚訝和難過的。但再悲傷的情緒，終究還是會隨時間的煎熬而過去。即使剩下不多的時間只能用在與醫院及太平間的拉扯，但也還是展現自我生命鬥志的最後回合。勝利了，生命可以繼續再延長；若輸了，也只是結束了一個臭皮囊，至少我曾努力為生命奮鬥過。

因此我認為對於年紀六、七十歲的長輩們，應該要告訴他們。至少平時閒聊到此議題時，也可以側面探其口風，了解一下對方的想法。因為以他們的智力和體力，應該都還有能力想在有限的餘生中，為自己和在乎的人做些事情，以了卻心願。若隱瞞不告訴他們病情的真相，則將來恐怕會釀成逝者遺憾，活者後悔的情境。

我父親生平九十歲第一次住院動手術，醫生發現是大腸癌末期。醫生坦承父親年紀大了，怕體力受不起手術，加上新的癌細胞也不會長太快，因此並沒有把腸子裡的癌細胞切除得很乾淨，更不建議化療。醫生順便告訴我，父親能夠再活的時間，大概只有三個月到半年。所以希望帶父親出院回家後，他想吃什麼就滿足他，不需要再有任何禁忌。

父親雖然年事已高，但頭腦相當清楚，而且反應也很敏感。既然醫生說只剩下半年的時間，於是我跟弟妹們商量決定隱瞞實情。當父親問起我：「我的身體到底是出了什麼問題？」我用十分平靜還略帶幾分欣慰的口吻告訴他：「你的健康並無大礙，只是些小毛病。」

但他仍有點狐疑地又問：「那為什麼開刀的時間需要那麼久呢？」我緊接著告訴他：「爸爸，你可知道你有多麼幸運，而且有多麼的誇張嗎？因為幾乎很少人能夠像你這樣子，人生活到九十歲才第一次需要動手術。」聽完，他勉強露出頗得意的笑容。

我繼續瞎掰的跟他說：「當醫生發現你的大腸沒有問題的時候，卻發現你的盲腸有一些潰爛的情形，再加上發現你的痔瘡也有點腫大，所以就順便幫你一齊切除了。」我之所以會隱瞞父親的另外一個理由是，老人家完全沒有失智的現象，如果他知道得了大腸癌，而且是末期後，從此將會鬱鬱寡歡，並擔心和焦慮到死。當他聽完我的病情報告以後，居然像心中放下一顆石頭般，欣慰地說：「反正盲腸和痔瘡這兩樣東西，都沒啥路用，割掉也好。」

當其他的家人來我處探望父親的時候，都會規勸他少糖、少鹽、少油膩。但父親既已認定，他的大腸消化系統沒有問題，所以還是會繼續吃他喜歡的多糖、多鹽和多油膩的食物。他竟奇蹟似地比醫生預估的死亡時間還多活了四年，也許心境占有很大的關係吧！

別忽略長輩需要的安全感

身體機能全面性的退化，各種疾病的纏身，以及記憶力的日漸衰退，可說是老年人最害怕和恐懼的事情。所以當你發現老人家經常會出現小題大作、斤斤計較、驚慌失措、疑神疑鬼、小心翼翼、幻聽幻覺，還有大小事都要問神卜卦等各種行為時，不用太過緊張，因為他們只是極度的缺乏安全感。

而且長期的焦慮和恐懼感，往往源自於對孤獨和寂寞心情的無法排解。老人家所有的虛張聲勢，其實都只為了壯膽，需要有人更積極主動地關懷與照顧。我有一位高齡的長輩，他每天出門的時候一定要先查看農民曆，有沒有沖煞到他的年齡與生肖。然後還會站在他家房子的中間，拿起羅盤看方向，再決定朝對自己今天有利的方向出發。

結果有一次他不小心跌倒了，被路上行人發現送到醫院。他的妻子趕到醫院探望的時候，好氣又好笑地質問他：「今天是你大師自己看走眼，還是羅盤針失靈了？」。

而我住家附近有一位快八十歲的拾荒老婆婆。為了給她方便，我總是先把資源分類做好，把可以賣到較好價錢的資源回收留給她。可是她每次還是會跟我嘮叨地說：「這一次的怎麼這麼少！」要不然就是根本不理會我的出現，甚至帶權威性地指揮我要如何做好，才能夠讓她滿意地替我資源回收。

我有一位朋友的潔癖婆婆更是誇張，她常開玩笑說她婆婆小題大作，已經到了人神共憤的程度。看到螞蟻尖叫，看到蟑螂也尖叫，有一天她忍不住問她，那如果看到蛇的話怎麼辦？她婆婆竟然不屑地瞪了她一眼，回道：「廢話，當然是昏倒囉！」

她的丈夫經常有應酬，但只要晚上時鐘走到十二點整時，婆婆竟然會像童話中的灰姑娘般，跑到外面的路口去等他的兒子。公公去世已經快二十年，可是每逢祭日，婆婆依舊嚎啕大哭得像丈夫才剛入殮似的。一邊哭一邊對著公公的遺像，數落著兒女媳婦們的不是。害我朋友結婚第一年時，被驚嚇得不知所措，連頭都不敢抬起來。

但第二年小姑就善意地偷偷告訴她：「媽只是在刷她的存在感，不用太在意，她哭是沒有眼淚的。」果然她偷偷地連瞄了十多年，竟然婆婆不曾掉出一滴眼淚。

我以前有位包租婆的房東，七十歲不到丈夫走了後，她就開始變得神經兮兮。整天把房門關緊緊，即使是房客要來付房租，也必須按了很久的鈴後，才等到她來開門。門縫的寬度就只有她的一個眼睛大，她給每位房客一個裝房租的信封袋，通常把信封袋從門縫中抽進去後，馬上就會把門關上。假如幾分鐘後她的房門都沒有動靜，就表示成交了。否則她才會再打開門，從縫隙內跟房客說話。

我曾經問她住同一棟公寓的兒子，他的母親是否有任何創傷壓力症候群的現象？他說應該是沒有，如果有的話也只是跟他父親的去世有關。因為母親原本就是一個十分軟弱而沒有主見的人，凡事都依附在父親的庇護下。

也許是父親臨終前，交代她要學會獨立自主，不要容易受騙上當。從此母親不論對人或對事都顯得不信任，且格外地小心翼翼，甚至變得有些神經質。連有一次他晚上夜歸，房門讓妻子給上鎖了，於是他想先到母親的住處睡一晚，結果母親讓他按了半天的門鈴，才擺個臭臉來開門，緊張兮兮中，劈頭的第一句話就是：「三更半夜你沒事，跑到我這裡想要幹嘛？」

幻聽幻覺的毛病，在耳不聰、目不明，且上了年紀的老人家身上經常會出現，尤其對於得了巴金森氏症的患者，這種情形更是普遍。像我租房子的地方，是屬於台北市比較老的社區，據說以前是日據時代的靶場和刑場，而且有很多的亡者都是被冤枉的。

因此會有夜間在公園散步撞到冤魂，或鬧鬼自殺的事件與傳說。基本上，我是一個比較不信邪且鐵齒的人。因為我一直相信，人只要行得正、多為善，半夜真的大可不必害怕鬼敲門。

有一天當我陪父親看電視的時候，坐在輪椅上的父親突然用顫抖的手，很認真的指著地上，跟我說：「妳快看！那裡有一張五百塊錢的鈔票，你趕快把它撿起來吧！」

地板上什麼東西都沒有，於是我和印尼看護異口同聲的說：「沒有啊，地上什麼東西都沒有！」父親很茫然，一臉失望的樣子。幾次以後，我察覺到他老人家已經有幻覺的現象。因此就再也不去揭發真相或與父親爭辯，反而我和看護會馬上照父親指示的方向，刻意在他面前用手去把無形的鈔票撿起來。還假裝發現意外之財，表現出很興奮的模樣，然後直接放在口袋裡。這個時候，他老人家的臉上馬上就會出現很開心和放心的樣子。

但有一天晚上，父親突然用嚴肅的表情叫我到他身邊，然後放低音調，並用手指著我們家的落地窗，悄悄地跟我說：「妳有看到前面站著那一排鬼嗎？有男有女十幾個，他們全都在跟我招手。」

我當下著實被嚇到了，而下意識地馬上連結到以前仲介曾提起過，靶場和刑場的冤魂經常會出沒的傳聞。不知不覺，突然全身雞皮疙瘩竟都豎立起來。

這件事情發生後，家人有些擔心。甚至建議要不要請個法師來為冤魂們超度一下，但我婉拒了。因為不知道超渡的結果是送走了冤魂，還是引來更多的厲鬼？到時候，真的不知道有誰可以給我真正的答案。加上我住在這個國宅已經十多年，且都平安無事。由於有了父親之前的幻覺鈔票事件，因此我也不再刻意理會它。

後來我終於想出了一個對付的方法，我拿出一張名片塞在父親的手裡，並告訴他說：「爸爸，你知道你女兒的脾氣比鬼還兇嗎？只要他們敢再來騷擾，你馬上拿出我的名片，他們一看就會嚇得全部退下。」父親竟然相信地點頭，並當下就把我的名片，好好地收進他的口袋。

宗教帶來心靈的寄託

我有一位心理師的朋友告訴我，他以專業輔導他母親莫名低落的情緒時，竟然完全沒有任何效果。可是只要他陪著母親到廟裡去拜拜，老人家就會顯出特別安詳的樣子。我告訴他這沒有什麼好奇怪的，因為人一旦老了、孤獨了、寂寞了，為證明自己還活著，而尋求存在感的價值就會油然而生。我另一位朋友，他的媽媽整天無所事事，卻在無病呻吟。可是一到了禮拜天，坐著輪椅到教堂唱詩歌時，不但精神百倍、聲音宏亮，而且病痛全無。

前者是因為近廟欺神的關係，母親會認為是我生下你、栽培你去念心理學博士，難道我還需要你來教我不成？與其聽你陳腔爛調，不如我自己與神明對口，況且廟宇裡的師兄師姐們，比起子女親切多了。後者則是在相同的宗教信仰下，藉由集體營造出來的氛圍。讓老人家可自由自在融入熟悉的情境中，排除寂寞的孤獨感。尤其教友們齊為她的健康而祈禱時，更可以令她獲得心靈上滿滿的祝福。

光看臺灣每次到了選舉的時候，從地方的小選舉到總統大選，幾乎是所有的參選人都得跑遍著名的大小廟宇。除了想拉近與人民之間的距離外，最重要的還是希望能夠得到神明的保佑，順利當選或連任。

無論是貴為總統還是黎民小百姓，問神卜卦或祈禱，不外乎是希望藉著神力為自己解惑迷津，獲得信心與安心。為什麼會有敬鬼神而遠之的勸世說？因為在這個世界上，還是有很多很玄的事情，不是完全用科學就可以印證的，所以不要過於迷信，但也不要完全不信，否則哪有神蹟？

二〇一八年八月二四日，發生了一件不可思議的怪事，至今連我都不知道應該怎麼去解釋。

那天吃過晚飯後，我坐下來看電視，剛好轉到年代電視台「單身行不行」的節目。財經界出身的主持人邱沁宜，正在和來賓們討論到，股票市場中的菜籃族們應該要注意的事項。

我當下覺得這個議題太好了，因為我們有很多的義工就是股市的菜籃族，他們一定很需要這些專業知識的開導。於是我馬上找來手機，準備把這段節目全程錄影下，再來與義工們分享。

但萬萬沒有想到，當我把手機的錄影鍵按下去以後，竟然在電視上的畫面突然跳出來一尊神像，嚇得我差點沒有把手機給丟掉。但我仍立刻把手機拍下的畫面，傳給我的特助，她是個比較理性而處事謹慎小心的人，她看完畫面也覺得事有蹊蹺。所以隔天就追問了中華電信及地區的第四台，是不是在那個時間點，曾發生過當機或節目插播的狀況？但結果都說沒有這回事。

雖然父親是無神論者，但母親卻是個比較迷信的人，她採佛道一家親的原則。而且以她抽籤的經驗，已經到能替代廟公解詩籤的程度。但我卻反傳統、又鐵齒不信邪，甚至在父母親晚年時，就曾坦白地告訴他們說：「我是情到深處反無情，你們活著，我當竭力盡孝道。但你們走了以後，我只會在心中永遠懷念你們，不會再繁文縟節做祭拜形式」。相對地，我也交代子女們，我去世後也如法泡製。因此，對神佛沒有研究的我，根本分不清楚媽祖和各神尊之間有什麼差異。再加上照片中的神尊，竟然是一張黑色的臉，令人覺得害怕。

剛好又碰到農曆七月，且鬼門還沒有關，我心裡毛毛地忖度著。會不會是我的年壽己到了，而閻羅王派此黑面使者要來抓我。但我有這麼偉大？定神後，再仔細看手機中的照片，才發現此黑面神尊乃是城隍爺，而且在照片的左上方出現「嘉邑」，而下面又有「嘉義城隍爺」幾個字。祂已經很清楚地透過畫面告訴我，祂就是嘉義的城隍爺。（見圖一）

事後，我曾經在錄「新聞哇哇挖」節目時，把照片拿給主持人鄭弘儀看，他還開玩笑的說：「真的很奇怪，沒想到城隍爺還會自己打字幕。」後來透過一位何姓藥劑師的好友，她是嘉義城隍爺的虔誠信徒，而且就住在城隍廟附近。她是透過某位通靈的朋友來告訴我，不用害怕，也許是城隍爺對我有什麼指示，要我不妨親自跑一趟。

她還告訴我，城隍爺是掌管陰陽兩界的正神，而且嘉義的城隍廟已經有三百七十五年的歷史，早已被列為國家級古蹟。因此祂的出現，我應該要深感慶幸才是。最奇妙的是，城隍爺被清朝康熙皇帝欽封為「綏靖」候，巧合的是我和我妹的名字，加起來就是綏靖。

・圖一

我不定期會搭高鐵南下到「麻二甲安置中心」探望孩子們，跟老師們一起開會，並上些輔導方面的專業課程。反正嘉義離麻豆不遠，再說，雖然我於二〇一四年已受洗為基督徒，但在家人慫恿下還是想一探究竟。於是在九月二十五日，親自前往城隍廟。但因為我完全不懂得拜拜的儀式和規矩，全程由何姓好友協助。我遵從她的指示，雙手合掌跪著跟城隍爺默禱說：「城隍爺啊！這回可是您找我的，而且我年紀也大了經不起跪。因此若要透過抽籤跟你溝通的話，希望用不著每次都三筊，而只要一個聖筊就好？」沒想到我真的一擲就立刻獲得聖筊。

人不為己天誅地滅，所以我先問了一些個人的私事，但都被打槍，不是笑筊、就是蓋筊。於是我虔誠的告訴城隍爺：「我因為年事漸大而身體愈來愈衰弱，二〇二〇年我們『財團法人國際單親兒童文教基金會』即將屆滿二十五周年，加上前面籌備期的五年，幾乎都在台東、花蓮、屏東、高雄縣等地服務單親原住民。總之，我上山下海整整共花了三十年的歲月，不是炫耀和居功，而是從福利及教育政策面的協助，或是生活實質面的各種關懷均紛紛落實，且幫助弱勢的單親家庭超過五萬戶。但募款工作很辛苦，最近認真思考打算退休。」

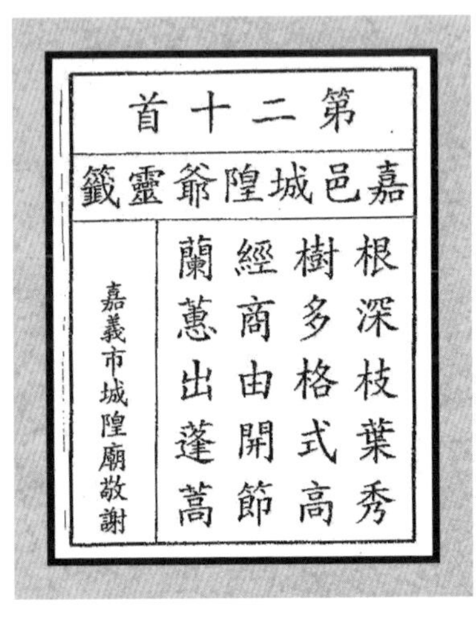
第二十首
嘉邑城隍爺靈籤
根深枝葉秀
樹多格式高
經商由開節
蘭蕙出蓬蒿
嘉義市城隍廟敬謝

・第一支籤

結果他給了我一支希望我再繼續做下去的籤文（第一支籤）。

我第二支抽的籤，是問關於附屬在基金會的「麻二甲未婚媽媽以及弱勢單親兒童的安置中心」的問題。七年多來，我們共收容了兩百多位的學員。從小學一年級到高中生，其中收容安置的未婚媽媽有七十多位，而最小年紀的未婚媽媽，居然只有十三歲。另外安置的一百多位的學員，則是由法院及社會局送來的弱勢單親兒童。最多的時候，我們安置中心收容的人數高達四十位。

一般正常的家庭，雙親教養兩個小孩都很辛苦了，何況我們收容和安置的學童，幾乎都是帶著不幸的背景和多重的創傷。因此在生活習性、教育程度及品行管教上均非常吃力。

第十七首

嘉邑城隍爺靈籤

眾惡自消滅
福氣自然生
如人行暗夜
今己得天明

嘉義市城隍廟敬謝

・第二支籤

加上在偏鄉很難找到專業的社工和生活輔導員，尤其財政負擔的部分，長期光靠募款支撐，十分艱辛。因此想把它交還給台南市政府，我甚至還曾經親自去拜會過台南市長黃偉哲。

結果城隍爺不同意，還是給了我一支正面的聖筊及籤文（第二支籤）。

於是我心裡開始有些納悶了，我心想，既然您這麼看好我，還要我繼續做下去，那麼我乾脆就真的豁出去。剛好有位朋友在宜蘭五結鄉捐了一塊地，加上有許多弱勢單親的家長會跟我埋怨說，他們的孩子既沒有機會過童玩節，更沒有參加寒暑假夏令營的體驗。如果真的是神尊的旨意，那麼我就來開發這一塊處女地吧！

再詢問了這件事後，沒想到城隍爺給我的竟是更好的籤詩文（第三支籤）。

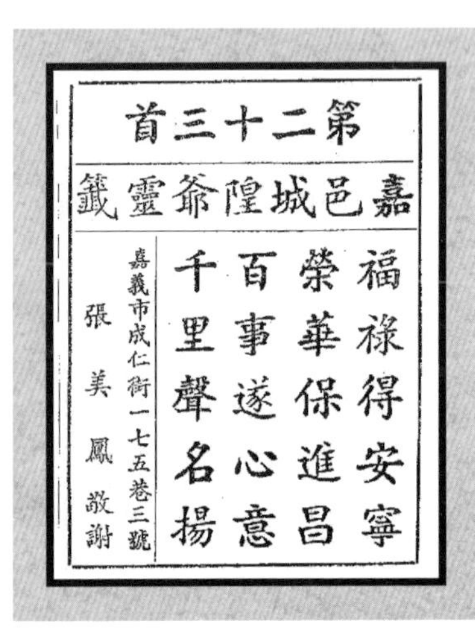

第二十三首

嘉邑城隍爺靈籤

福祿得安寧
榮華保進昌
百事遂心意
千里聲名揚

嘉義市成仁街一七五巷三號
張美鳳 敬謝

· 第三支籤

其中有一位廟公是我的粉絲，他很開心地恭喜我，並表示很少看到有人可以連抽三支好籤。

更奇妙的是我拜完後，終於可以吁一口氣，於是就催促何姓的好姊妹說，妳開車技術不錯，請開快一點，也許我可以趕得上換早一班的車票回台北。她雖緊握著方向盤，卻笑著跟我說：「不用急啦，城隍爺自有安排，祂叫你幾點走，就是幾點走。」我心想，妳也未免太迷信了吧！

可笑的是，我們的確提前到了高鐵站，既非假日也無特別慶典，而且嘉義也不是大站，但偏偏就是換不到可以提前回台北的班次，而這是我以前從來沒有遇到過的。

更不可思議的是當我坐在位子時，我前面的位置走來了位面熟的美女，一看居然是邱沁宜。她好奇地問我為什麼會在嘉義搭車？我露出詭譎的笑容說：「都是托妳節目之賜，所以我今天去拜了城隍爺。」

甚至連她也覺得很奇怪，因為她當天是應邀出席演講。講完後，大家還想留她續攤，但可惜就是換不到可以往後延班的車票。

經過一年，事過境遷後，我利用暑期出國，到美國、加拿大及亞洲等區域巡迴演講，並拜會相關安置中心的交流工作，歷經了快五個月才回臺灣，其中病了將近一個月。除了身心俱疲外，適逢要帶我一位男同志員工（十三歲就變成孤兒，又是肺癌第四期）去嘉義拜城隍爺當契子，於是我又向祂請示關於二

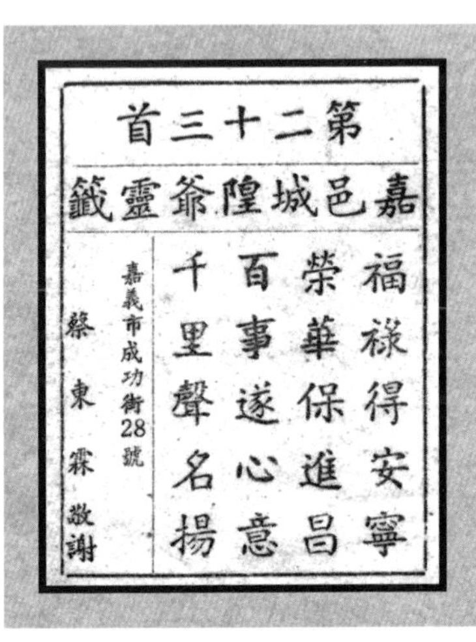
第二十三首
嘉邑城隍爺靈籤
福祿得安寧
榮華保進昌
百事遂心意
千里聲名揚
嘉義市成功街28號
蔡東霖敬謝

・第四支籤

〇二〇要興建的宜蘭活動中心事宜。由於受到冗長的公文往返以及設計圖不斷修改，導致工程期一延再延，不知到底可不可以蓋得成？沒想到事隔一年多，結果抽到的竟是跟去年同樣的第二十三首籤文（第四支籤）。不得不讚嘆，若非神蹟，也未免太巧合了。

以上這則真實故事的分享，不是要鼓勵迷信，而是深深有感天助人助也。

年輕的時候，血氣方剛，信心滿滿而一身是膽，幾乎什麼都不怕。但當人的年紀愈來愈大，身體愈來愈衰弱時，信心也會跟著降低，而安全感也會逐漸失去。因此許多長者必須藉著宗教或信仰的力量，為自己找到心靈上的寄託。心中有上帝，並不代表你不可以和城隍爺做朋友，宗教是信仰而非枷鎖。

老人家最需要的，就是在他們平靜的生活中，對他過去的歷史給予肯定，而對他現在所作所為給與認同即可。高齡者的索求真的不多，他們要的就是一分被世代尊重的存在和價值感。

親情、友情與愛情讓生命更圓滿

人的壽命愈來愈長，老人家自己的觀念要與時俱進，在親情、友情與愛情三方面都要妥善應對。而對兒女的感情、婚姻與家庭，都該放手尊重。

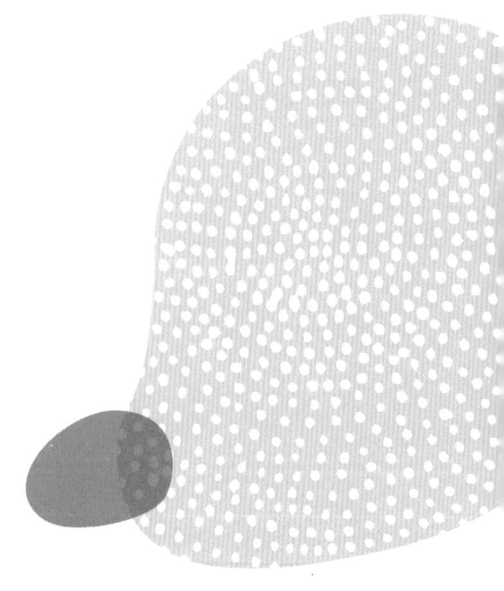

人世間有兩大天羅地網，一個是金錢、一個是感情。人類所有的喜怒哀樂或悲歡離合，幾乎都涵蓋在內，且脫離不了關係。而錢能夠解決的都還是小事，譬如說，有錢或許就可以買到幸福，但幸福卻是個人主觀的感受，所以有可能你買到的只是假象的幸福。

到底愛情與麵包，孰者重要？浪漫的人會選擇愛情，而務實的人則會選擇麵包。沒有麵包的愛情，通常是撐不久的；但沒有愛情的麵包，吃起來卻是索然無味。

事實上愛情和麵包同樣重要，只是每個人的價值觀和重視的程度不同而已。人從出生到死亡，在整個生命的旅程中，影響心智發展及左右情緒的感情，大致上有三大方面：通常指的是親情、愛情和友情，這三者可以讓你的生命更圓滿，而生活的層面也更豐富。

這三種感情更不是年輕人的專利，它們就像空氣一樣，只要你還有一口氣在，你就可以嗅到、聞到，甚至得到。也就是所謂的心在哪裡，愛就在哪裡。

東西方的文化差異中，就屬家庭觀念最明顯。西方人認為結婚組成家庭並非為了傳宗接代，更重要的家庭是傳播愛與責任的地方。他們早已被教育並學會家庭中的成員都是獨立的個體，尊重子女之間的個別差異，並給與完全信任以及自由的空間去發展。雖然在養成教育的過程中，父母親也會適時給督導和建議，但通常不會勉強或逼迫孩子們，尤其在性向發展方面。

一旦長大成年以後，即使還是住在同一個州，但為了自由和隱私，通常也會搬離父母的住處。成年以後的子女，一旦有了工作和收入後，就算是要繼續住在父母親的家裡，往往也會尊重父母的同意並識相地付房租；相對的，若父母沒拒絕而收了子女的房租，也會像對待房客一樣，不會未經同意就隨便進去查看，或發生好奇偷窺之類的事情。對於西方的子女而言，父母親的家是他們成長過程中重要的駐腳站，但絕對不是他們賴著不走或啃老的地方。

雖然他們多數仍會和原生家庭保持和諧與親密的關係，但他們不會過分依賴父母。但話說回來，不婚的啃老族現象在美國也有愈來愈多的趨勢。東方的家庭文化則相反，也許是長期受到儒家思想的影響。大多數的父母親，還是會存在著民主中夾帶著威權，而在衝突中還要求必須團結的矛盾。似乎唯有父母親在的地方才是唯一的家，也是繼續發號施令的指揮中心。

東方的父母親，對於子女的生活，即使已經到了成年人了，還是會照顧得無微不至，卻也在無形中牽制了孩子們心智的獨立和發展性。因為長期以來，大家也都習以為常，在這種盤根錯節的親情拉扯之下，才會導致已經成家立業後的子女和原生家庭無法切割、牽扯到婆媳關係、產生隔代教養以及經濟上無法自主的各種問題。

更因為這種根深柢固、無法改變的親情觀念，導致父母親會認為他們把生命奉獻給子女，而等到他們老了沒有用的時候，當然也希望子女能夠回饋或加倍善待他們。而這也正是許多老人家的可悲之處，沒有了解或認清到時代已經完全不同，且養子也已經不能防老的事實。不是完全因為子女不想孝順，而是他們自己生存都有問題。

放手，讓親情相處沒壓力

加上全球少子化後，東方的父母親普遍出現「捏緊怕他死，而放了則怕他飛」這種沒有原則的原則。更為了許諾給孩子一個快樂的童年，錯把民主當放任，而把自由當耍賴。

尤其自我意識特強的年輕人，早就已經把這些父母親耳提面命，或背得滾瓜爛熟的做人道理，像是忠、孝、仁、愛、信、義、和、平，或是禮、義、廉、恥等這些八股教條，全都丟到外太空去了，更遑論孝順兩個字要怎麼寫。

所以為什麼人老但心要不老，心不老不是鼓勵要花心或風流，指的是老人家的觀念要與時俱進，跟得上時代潮流的趨勢。

年紀大的人能夠選擇的住處，不外乎就是以下幾種：

一、獨居在自己的老家。

二、成家的子女跟自己住在一起。
三、搬出去跟子女一起住。
四、每個月輪流到子女的家住。
五、沒有兒子而搬去和女兒女婿一起住。
六、搬進養老院。
七、流浪街頭。

不論你是自主性作出抉擇，或是被環境所迫，而不得不做出的最後妥協。總之，年長者自己在心理上，要先有所建設，尤其當你是在寄人籬下的情況，更要懂得情緒上的拿捏分寸，不要當親情勒索的貪婪者。

畢竟自己年紀大了，在生活上你需要別人幫助的地方，比你能夠幫助別人的地方多很多。因此要懂得如何放下身段、放下固執、放下嘮叨和斤斤計較。

我有一位朋友和我的年紀相仿，她各方面都比我好。但是唯一我比她好的地方，就是我沒有潔癖。只要你注意觀察，你會發現潔癖愈嚴重的人，愈不懂得什麼叫做關照和聆聽。因為她具有一副法眼，一心一意都在找別人身上的碴。到她家作客，你連喝一杯水都要戰戰兢兢地。深怕杯子和桌面相接觸的時候，她突然又會伸出一塊抹布先擦一下。

幾個好朋友聚會在一起，就是為了要輕鬆自在，甚至放肆一點也無妨。但是只要輪到她做東，還沒有進入她家門，彷彿已經置身在殯儀館。氣氛肅穆的原因是主人話不多，但偏偏像個不發聲的蜜蜂，不停地一下子拿塊抹布從這邊擦過來，不久後又拿支拖把從那邊滑過去。

每次都搞得大家緊張兮兮、坐立難安，怎麼規勸都無效，甚至拿出絕交的殺手鐧也無動於衷。最後，我首先發難再也不去她家了。事隔二十多年，有一天她透過同學來找我，說她有婆媳問題需要找我諮商，但她也很知趣地請同學轉達「可以不用約在她家」。

人到了中晚年，大概都會走發福的曲線圖。但當我再見到她的時候，我幾乎快認不出來，只能用骨瘦如柴來形容。她哭訴著，她的獨生子結婚以後，本來打算要搬出去自己住。但因為經濟不景氣，他被公司裁員了，只好搬來跟她一起住。

但因為長期下來，她看不慣媳婦的邋遢；而媳婦也受不了她的潔癖，雙方經常會因乾淨程度上的認知而發生紛爭。終於有一天，媳婦留張紙條，上面只寫著：「潔癖令人窒息」。媳婦帶著孫子跑回娘家後，沒多久兒子也跟著搬出去，一起在外面租房子住。

她感到非常痛心也很擔心，痛心是她住的是一塵不染的大豪宅，兒子竟然為了老婆，寧可帶著她寶貝的孫子，一起住在三十坪不到的破舊公寓的頂樓加蓋。她擔心的是兒子正在失業，而兒媳婦賺的錢也不多，一家三口會不會哪一天想不開，燒炭自殺？那她該怎麼辦？

自從丈夫死後，兒子和孫子可以說是她晚年唯一的寄託與希望。再說，潔癖又有什麼不好？她還端出關節已經嚴重扭曲變形的雙手，替自己的辛苦辯護。面對著她那雙手，我不屑地瞄一下，狠狠地對她說了聲：「活該！」

她還不解地愣了一下，當然她是不會察覺到，真正問題的關鍵，就是出在她的身上，而且是跟她嚴重的潔癖有關。我提醒她幾個重點：

第一、窒息是離死亡最近的一步，可見妳的媳婦有多壓抑、有多痛苦。

第二、妳的兒子寧可放棄住豪宅，背負著經濟的壓力，也要和妻子兒子團聚。表示妳提供的豪宅，並不是讓家人覺得是舒適而溫暖的家，而是一絲不苟但缺乏人味的展示館罷了。

第三、連當朋友的我，都可以因為討厭妳的潔癖，而超過二十年不跟妳往來。對於媳婦，妳潔癖的程度和要求，一定比朋友有過之而無不及。因此兒子媳婦和孫子，他們肯定更受不了。

第四、妳會愈來愈衰老，而妳對他們的需要，遠勝過他們對妳的需要。妳若期待含飴弄孫，而媳婦能夠跟妳和平共處，妳當然要先有條件的妥協。

第五、想想看，妳離開人間後，還有誰會像妳一樣維持清潔？

總之，人際關係誰在乎，誰就要多負責任。所以我推薦她去看治療潔癖的精神科醫生，而她真的去了。她的案子我追蹤了三年，期間也跟她的兒子和媳婦做了幾次溝通協調。羅馬不是一天造成的，更何況一家人要長期和睦相處。當母親在就醫的過程中，更需要他們發揮耐心的鼓勵。最後的結局是 Happy Ending。當我最後一次到她家去作客的時候，她私下帶著幽默的口氣告訴我，她現在的清潔範圍就只限於她自己的房間。

女人的平均年齡比男人長，加上結婚以後，即使是忙碌的職業婦女，家事也是大大小小一手包辦。因此年老了以後，通常還是婆媳的問題比公媳的問題多。在這裡要特別提醒，晚年和子女同住的老人家，兩大忌諱必須謹記在心：

第一、不要介入兒子和媳婦的世界太深。
第二、關於孫子的教育工作，最好能全權交給兒子和媳婦主導。

因為兒子是你們夫妻或是由單親你自己一手帶大的，因此父母親就是子女們在這個世界上最大的貴人。加上孩子從小的生活照顧，大部分都是由母親來執行。因此母親的地位在子女的心目中，往往又比父親來得重要。等他長大成家以後，就需要更換跑道跟他的妻子攜手共創未來，而這也是傳宗接代和世代交替的啟示與意義。

但天下的婆婆難免都會有著一種錯覺：「即使是最好的媳婦，也配不上自己兒子。」同時也會受不了，兒子和媳婦在她的面前曬恩愛的情境。總覺得兒子對媳婦講話總溫柔和體貼，對自己講話的口氣則是不耐煩和冷淡。

於是一種不平之鳴和無形的妒火，像壓抑多年的火山，從內心世界噴發冒出。有時嚴重的後果，竟讓人措手不及，甚至到無法收拾的地步。其實這類型的婆婆是自討沒趣和自討苦吃，而且想法和做法又顯得十分幼稚。因為她們長期習慣了掌控、指揮和擺布兒子的生活步調。因此在母愛無限加長版的劇本裡，早已把兒子據為己有，更忘記了身邊還有一個也需要她噓寒問暖的丈夫。

其實父親是不應該在家庭中缺席，而且父親也是兒子仿效男人角色的第一人選。因此當看到時下有不少自以為是的新女性，她們寵愛兒子比丈夫多，而罵丈夫卻比兒子還兇時，不禁要喟嘆，為母則強真的有需要強到如此這般？

明理的婆婆用智慧開導

我經常在公開演講的時候，一再呼籲並提醒女性朋友，不要因為少子化的關係，而學會一味用討好或掌控的方式，來造就了媽寶和寶媽。很多婆媳的問題都是因為婆婆太介入兒子的婚姻關係，反而疏忽了她自己的婚姻關係需要再繼續經營。

身為婆婆的人，不妨用感恩的心來看待兒子的成家立業。正因為兒子終於找到了真愛，可以替代妳母親的角色。他們彼此照顧及生兒育女，也才能讓妳沒有後顧之憂地享受天倫之樂。

尤其對於孫子的隔代教養，千萬不要越俎代庖。年老的阿公阿媽所扮演的角色，就是簡單地含飴弄孫和適度地疼愛他們。至於真正的親職教養工作，就留給兒子和媳婦，其為人父母者去承擔吧！

對於丈夫有外遇的妻子來求助時，我不一定勸合不勸離。但我通常都會先問她們一個問題：「妳還想不想要挽救這個婚姻？」如果決定不要的話，那麼趕快去找位好的律師，幫妳爭取到最好的權益。但如果還要把丈夫搶回來，就需要一些戰略和戰術。

其中有一項就是人非聖賢，不妨暫時先不要去追究誰的對錯，而是要再一次地為自己的抉擇作努力。因此即使是要忍痛，也要收拾起悲傷與憤怒。雖然非常不容易，但也只能用孟子的「天將降大任於斯人也，必先苦其心志，勞其筋骨，餓其體膚……」來勵志。婚姻遇到瓶頸或困擾時，唯有採取冷靜的態度和有效的方法，才有機會能促使丈夫和外遇對象的小三分手。也許冷靜未必能挽回婚姻，至少也讓自己能在省思中成長。

身為妻子若只會用一哭二鬧三上吊的溝通或談判的方式，不但無濟於事，反而更令丈夫厭煩而想往外逃跑。同樣的，若採用任何激烈的霸凌方式，來對付小三的話，也只會讓對方用無辜者及弱者的身分向丈夫哭訴和求救。在兩性平權的時代，以上也適用於丈夫的角色。

有一個案，婆婆在聽完媳婦因發現丈夫外遇而動粗時，馬上表示兒子該打，而且媳婦打得好，並跟媳婦道歉承認是自己的家教不好，才會發生這種不幸的事情。其實媳婦已準備隔天馬上就去找律師辦離婚了。可是晚上睡覺的時候，不小心聽到小女兒夢囈，竟然說出：「媽媽，妳不要跟爸爸離婚好不好？」

又想到國一的兒子跟她道晚安的時候，也沉重的說了一句：「我們班上有些單親的同學都過得很辛苦。」她在嚎啕大哭中崩潰了。

她拭去淚水重新來過，於是在婆婆的支持和鼓勵下，既然一個銅板敲不響，不妨趁機會用比較客觀的態度，來一項一項地檢視自己的婚姻狀況。陰溝裡翻船也未必全是壞事，何況塞翁失馬，焉知非福。如果真的挽救不回，不能當夫妻也還可以做朋友，而且離婚也非什麼可恥的事。

下定決心給丈夫回頭的機會以後，個案中的媳婦聽婆婆的勸，先忍住不挖瘡疤，且從此不再提起外遇事件及小三的名字。因為婆婆告訴她，賤人的名字不值得提，提了自己反而犯賤。她首先去跟主管坦承自己的婚姻出了狀況。除非能夠不再派她長駐國外的工作，否則她就請辭，主管當然非常挺她。

而且為了避免節外生枝，她也選擇不跟娘家的人提起這件事情。其中有一些顧忌是避免如果丈夫回頭了，反而會在娘家的面前抬不起頭來，同時也為感激婆婆的全力支持，不想讓夫家太難堪。她也希望孩子能夠跟她共體時艱，一起撐過這段非常時期的家庭危機。並再三叮嚀必須對父親更好，這樣爸爸才會想回家。果然女兒是父親的前世情人，小女兒簡直像強力膠一樣，有空就對父親撒嬌個沒完。

婚姻久了，感情穩定了，最缺乏的就是活力和激情，也許這也是丈夫或妻子會耐不住寂寞、或經不起誘惑的地方。雖然仍是心不甘情不願，甚至覺得自己實在太委屈了。但婆婆的經歷就是最好的見證，因為光從表象來看，公婆目前的婚姻是大家公認最幸福的一對。可是她完全無法想像，居然婆婆曾經有過比她更坎坷的心路歷程。所以她決心要放下身段，用重新追回她丈夫的態度，準備對小三採取鬥智的大反擊。

丈夫在婆婆的痛斥和規勸下，數度跟她懺悔後，希望妻子能夠再給他一些時間來處理善後。所以她刻意跟丈夫像往日一樣地，在手機上維持 Line 來 Line 去，甚至有時候還會撒嬌地寫上一句：「想別人之前記得先給我一個飛吻」或「昨夜的溫存，你讓我感受到人和心都在我身上」之類的肉麻話。

她知道小三一定會偷看丈夫的手機，光想到小三會因此而吃醋，或跟丈夫理論或爭吵的畫面，她就覺得分化的策略已經奏效而喜孜孜。果然小三的耐性是有限的，不久她就收到小三傳來的一封簡訊，上面寫著：「你贏了，滿意了吧！」

丈夫歸位以後，他們婚姻生活的品質也有了比以往更好的改善。可是她跟婆婆坦承，只要一想到這件事，還是心如刀割一樣地痛。婆婆嘗試反問媳婦：「假如有機會的話，妳會不會外遇呢？」媳婦思索了一下，誠實的回答：「嗯，很難說，可能要看對象。」以上故事中的婆婆就是一個明理的人，她能夠用自己過去的痛，來體會媳婦目前的痛。她不但沒有隔山觀虎鬥，等著看媳婦的笑話，反而願意將過去不堪的瘡疤，挖出來讓媳婦做為借鏡。

其實要等到年老了才會發現，婚姻不過就是夫妻在長期經營感情的過程中，將早已攪和在一起的親情、愛情和友情的牽絆，不自覺地變成自家人的關係。這也是為什麼很多夫妻對於另一半，有著像家人、手足和愛人的多重感。而少年夫妻老來伴的重要性，就在於兩個人可以共同走過幾十年漫長的歲月。在這些歲月裡，有多少是在歷經了無數的苦難、加上不斷地磨合、費盡了畢生的心血和付出，才得以發掘或找到能白頭偕老生活的平衡點。

最重要的是這牽絆能產生一種生命共同體的力量，足以讓雙方不離不棄，繼續攜手走到另一半先走為止。能夠維持到老的婚姻，不見得都是美滿，但彼此能夠同甘共苦，完成這漫長又艱巨的工程，也是值得慶幸的另類成就。每椿愛情和婚姻的故事，每對男女主角的際遇均各不相同。因此僅供參考，不能一概而論。

開放的心態，接受孩子性向

子女對父母親而言，總是心中永遠的牽盼和掛念。而父母親年老後，對於同性戀和身體有殘缺的子女，常最放不下心、也最難以割捨。雖然宗教界及某些衛道人士不以為然，但我還是非常開心二〇一九年臺灣立法院通過同婚法案。

國外有個真實而又帶點黑色幽默的故事，一直讓我難以忘懷。話說，在一個鄉下的地方，當父親發現他的兒子居然是個同性戀時，氣得暴跳如雷，並一再地逼問兒子：「你到底是男的還是女的？」兒子回答：「我是女的。」

父親氣不過，於是把兒子的頭塞到裝滿水的桶子裡面，然後抓起頭髮再問他：「你是男的還是女的？」兒子就是被嗆得滿臉是水，仍然堅持地大聲說：

「我是女的。」幾次的來來回回，兒子還是堅稱他是女兒身。

最後父親終於忍無可忍地，就把兒子直接丟進水池裡，然後再對著兒子大聲地喊問：「你說你到底是男的還是女的？」只見兒子全身濕漉漉地游上岸，喘息地直視著父親，幽幽地說：「我現在可是美人魚。」除非有少數的例外，否則同性戀的性向，幾乎都是天生自然的形成。

由於大家對愛滋病缺乏正確的病理常識，再加上把愛滋病和同性戀畫上等號，也就造成了社會普遍對於同性戀的刻板印象和排斥感。其實同性戀源自古羅馬時代就有了，他們的藝術天分和獨特的創造力，毫無疑問地為人類留下了可歌可泣的作品。像哲學家蘇格拉底、藝術家米開朗基羅都是同性戀。

到博物館參觀的時候，我根本沒有看到任何人排斥他們，還拚命希望能夠照相留個紀念。而當今世界各國的總理、首相等政治人物中，更不乏是由同性戀者擔當要職。

而且在普遍民主制度導向的國家，性向的開放已經發展到有了國際LGBT聯合會（International Lesbian, Gay, Bisexual, Trans and Intersex Association）。

為確保任何人不論性傾向、性別認同、性別表達和性徵，都能享有自由平等的人權，並致力於實現一種全球正義和平權的世界。

我的朋友中有兩個例子都很令人感動。其中有一個是兒子為男同志。由於身材魁梧又當過憲兵，父母親從不疑有他，且沒有發現太多異象。而交往中的朋友有男有女，只是有時候無意間發現他的一些動作有點「娘」。但因為他是么兒，所以父母親會覺得他的心思比較細膩和貼心，而且懂得撒嬌。

只是有一次他失戀了，結果體重猛瘦了十多公斤。他的長姐刻意關心他，到底發生了怎麼回事？他長期壓抑的情感和祕密終於全部爆發了。而且當下就跟他的大姐坦承，他是同性戀，並希望她能夠替他保守這個祕密。不要讓父母親知道，怕他們會傷心和難過。

他大姐其實是準備替他保守這個祕密的，但很不幸的消息已經傳出去了。因為他哭泣的聲音驚動父母親，所以他往房門一看，父親鐵青著一張臉，而母親則驚嚇得完全說不出話來。他剛才的真心告白，他們倆老聽得一清二楚。

隔天是中秋節，但當他早上起來，看著父親叫母親為他收拾準備的皮箱，還有一個裝了些錢的信封，他知道父母親是決定要趕他出門。因為在中南部這種鄉下地方，家裡出了個同性戀，萬一消息傳出去，身為家長的羞恥心恐怕要比痲瘋患者還來得嚴重。

雖然大姐代為求情，但是父親掉頭就走。而母親用顫抖的口吻，拉著他的手說：「快告訴媽，這不是真的吧？」

就這樣子，他被迫離家出走。從台中縣一路到台北市，他輾轉換了幾個工作。幸運地，他其中一任老闆是教授、也是作曲家，意外發現他可以栽培成為業餘的美聲樂家。於是就替他申請到歐洲的獎學金，從此他遠離了故鄉臺灣。

到了歐洲以後，他發現情況依舊，只是沒有臺灣嚴重，同性戀還是或多或少會遭到歧視，尤其他來自亞洲。但他下定決心一定要忍耐，等成功才能衣錦歸鄉。就這樣，他整整在國外流浪了十二年，終於在無數次的比賽中獲得了肯定，並找到了一分待遇相當不錯的工作，也順利地變成了當地的公民。

他的父親還是不承認有他這個兒子，家裡的親朋好友只知道他出國留學了。而且條件好、眼光高，所以找不到女朋友，可能也不打算結婚。他甚至要求大姐轉告父親，希望家人可以瞞著全鄉的人在國外與他見面，但父親還是拒絕了。可是大姐告訴他，一個比較值得安慰的訊息，就是父母親幾乎在睡前必聽的CD，就是他為他們親自錄製的台語老歌。

幾年後，他獲得了殊榮可以在市政廳表演，那是極大的榮耀，也是臺灣人的驕傲。那天最出乎意外的是，大姐帶了父母親自蒞臨會場。他在開唱前用著哽咽的聲音，向全場的觀眾宣布：「經過十五年的奮鬥，終於我的父母親願意承認，他們有我這個同性戀的兒子。」全場掌聲如雷，而父母及大姐的眼睛裡都泛著淚水。

另一個是關於朋友的女兒是女同性戀的故事。我的朋友知道他的寶貝女兒，竟然是女同性戀，而且還是T時，既震驚又難過，且久久不能接受。但因為她女兒的個性也很倔強，所以他們夫妻跟女兒衝突的導火線，幾乎一點就燃。他認為女兒只是交到了壞朋友，而受到影響，她絕對不是真的是「蕾絲邊」（女同志）。所以要求她去看心理醫師，甚至威脅女兒若不聽話，乾脆就搬出去住算了。

果然有一天，女兒一聲不響地搬走了，搬到哪裡也不知道。打電話到公司去詢問，得到的答案是她已經辭職了，而打手機居然是空號。這下子可快把他們夫妻倆搞瘋了。固然生氣女兒的翻臉無情，但相對地也擔心害怕會不會出了什麼差錯？日子就在忐忑中，過了將近半年。突然有一天，妻子心肌梗塞，送往附近醫院的急診室。

雖然還有兩個兒子，一個在國外、另一個正在泡妞未接來電，而他正在為找不到幫手而焦慮和著急時，幸虧醫院的一位護理師和顏悅色地走過來協助他，並請他不要緊張，放心等待醫生的診斷。所幸妻子的症狀不嚴重，但仍需要住院觀察幾天。住院的第二天，妻子睜開眼睛。讓她不敢相信的是，她的女兒竟然出現在床前，百感交集的任由淚水直流。女兒緊握著媽媽的手，然後在額頭上親了媽媽一下，溫柔地安慰著母親，「沒事了，醫生說您會沒事的。」

出院後不久，這對夫妻開始忙著重新裝潢女兒的房間，鄰居好奇地問，為什麼要重新裝潢呢？他們神祕地笑著說：「要迎接一位嘉賓。」原來丈夫那天在醫院撞見的那位護理師，就是她女兒的女朋友。也是多虧她安頓好妻子後就去通知女兒，女兒才趕過來。其實只要心念一轉，負面心態也可以化成正面的能量。

事先交待身後事

因為我長期致力於服務單親的弱勢族群。對於家中有重症及殘障子女的父母親特別尊敬、佩服、同情和不捨。我們基金會在每年的母親節，都會主辦傑出的弱勢單親媽媽的表揚活動。雖然每次的紅包只有新臺幣五萬塊錢，但當這些弱勢的媽媽拿到這筆獎金的時候，都是喜極而泣。除了是一分肯定的驕傲外，最重要的是，這筆錢得來不易。

有一位單親媽媽跟我哭訴著說，她的女兒國中時摔傷了脊椎，因為耽誤了醫治，導致後來不但變成全身癱瘓，且腦部也受損。她每天為了討生活還要照顧女兒，真的是精疲力盡，到了快崩潰的地步，幾度想母女一起輕生了事。但又覺得對不起其他兩個已經疏忽照顧的兒女。

最擔心的是她老了以後，沒有體力再照顧的時候，要把她女兒往哪裡送？若是把照顧她的責任丟給這兩個弟妹，又是多麼不公平？她每天都為這件事情發愁，而自己不知不覺也得了憂鬱症。

像這種弱勢家庭的個案，我們由衷地希望並呼籲政府的福利政策，在做老人的居家安置時，也能包括老人身後放不下心的家庭問題，一併實際地伸出人道援手及解決的落實方案。

誰也不願意發生這種不幸的事，而且要光靠政府救濟，實在不樂觀。因此萬一遇上了，為人父母者就要未雨綢繆，做好萬全的準備。畢竟有錢能使鬼推磨，像這種需要長期人力和財力投入的照顧工作，財務的規劃是很重要，而且要愈早愈好。

我朋友的兒子患了小兒痲痺症，雙腳萎縮加上視力不佳，長期必須坐輪椅且無法上學。但他們從來沒有放棄鼓勵他，要他能跟得上時代潮流，並學得一技之長。而先學會電腦，是最基本的要件。打從年輕開始，他們夫妻就用陪讀的方式，為兒子打下了中外文學作品的底子。加上他專門請了一位英文家教，跟著學校的進度，甚至超前，讓他的兒子能夠順利地完成了英文托福的考試。

他們倆夫妻甚至不辭辛苦，每個寒暑假輪流陪著孩子到國外 Homestay（住寄宿家庭），讓孩子能夠增加國際視野，打開心胸不再自卑。今年兩夫妻都七十多歲了，本來他們有了這個殘疾的兒子以後，就不打算再生，可以全神貫注地來照顧他。但生了兒子後，上天竟意外地又賜給了他們一個健康又貼心的女兒。但他們很清楚人各有命，萬萬不可以把自己的不幸加諸在別人身上，即使是夫妻、兄妹也一樣。

所以他們夫妻已經找律師立下了遺囑，他們兄妹將能各擁有一間地段不錯、且有電梯並毗鄰的房子。兒子現在仍然跟父母親一起住，但他們夫妻分別去世以後，屆時希望住在隔壁的女兒可以同意空出一個房間給哥哥住。而父母親原本住的房子則將過戶給兒子，可以用來出租，並拿租金來補貼聘請看護的工資。

因為他兒子長期為美國的圖書公司做中英文翻譯的工作，收入也還不錯。儘管如此，他們還留了一筆現金存款在銀行，作為基金管理，並有銀行的總經理及律師公證。到時候每月按時撥款支付，作為補貼女兒對兒子的生活照顧及醫療費用。

他的女兒和女婿都感到十分的過意不去，還要讓父母親如此費心為他們兄妹的未來做打算。尤其女兒幾乎是痛哭流涕地跪著跟父母親說，照顧大哥將是她終生的志業，請父母親一定要放心。一旁感同身受的女婿也跟著跪了下去，全家人相擁而泣、哭成一團。

其實這位朋友早年曾到我們基金會當過義工，他們夫妻生活非常的節省，其程度可以用苛薄兩個字來形容。原來他們省下的每一分錢，都是為了放心不下有殘疾的兒子，真是難為了天下的父母心。

有人說，中年喪偶大不幸，而晚年喪偶乃天對我太無情也。除非是突發的意外事故，或包括心臟病的發作而來不及應變。否則上了年紀的老人家，不要忌諱早立遺囑這件事。只要你還活著的一天，隨時隨地還是可以修改。我朋友的爸爸今年快九十了，他告訴我他父親從六十五歲起開始立遺囑，而且有空就改。我問他：「為什麼？找律師改來改去不是很花錢嗎？」重點是他爸爸本身就是律師。

我又好奇地問：「為什麼要經常改呢？都改哪些內容？」他說他的父親立的遺囑內容非常仔細，只要覺得不妥或是突然心血來潮，他就又會開始改遺囑。我再問他：「父親財產很多嗎？」他哈哈大笑的說：「沒有負債就不錯了。」也有人說，提早立遺囑會影響到壽命？但以他父親目前的年齡看來，完全不受影響。

獨居與再婚，都應該受到尊重

高齡喪偶後的心理症狀，除了不像年輕人那樣激動外，其實並沒有太大的差別。只是年輕或壯年人雖然對另外一半的去世感到不捨，終究還有很多的人生責任要背負。因此悲傷期一過，就必須要再振作起來，追尋新生活。而老人家喪偶後心理上最大的衝擊，應該是除了悲傷外，還有嚴重的失落感。不管婚姻過程坎坷無比、還是幸福美滿，終究一路走來，和另外一半有著相依為命的充實感。

再來就是孤獨感，無論是男主外、女主內，或是雙薪家庭，或者夫妻共同打拚事業……總之，每天都會見到對方。即使是偶而出遠門或長期出差，但只要能夠聽到手機或電話的聲音，看到視訊或是簡訊，也都還是有小別勝新婚的熟悉感。

可是人一旦走了，就是永遠的逝去。再也看不見、聞不到和摸不著，只剩下午夜夢迴的默默追思。接下來，隱藏在孤獨感後面的，就是壓抑不住的漫長寂寞。

我是一個可以面對孤獨並享受寂寞的人。例如，你不得不去參加一個無聊的聚會，滿場子都是人，顯然一點也不孤單，但獨缺可以談心的知己，你真的夠寂寞了；相對的，當忙了一天，拖著疲憊的身軀回到家裡，燈下只有自己孤單一人。但閉目養神時，心中充滿了公益帶給你的愛與回饋時，卻一點也不感到寂寞。

喪偶者的寂寞心情和我以上的個人感觸，或許也有些類似的地方。因為很多老人家失去了伴侶後，家人通常會不放心的讓他孤單一個人獨處。所以不是會設法說服他和子女們一起住，就是會鼓勵他搬到養老院。因為那裡人多，比較不會孤獨和寂寞。尤其和子女住在一起的時候，兒子媳婦都孝順，而女兒女婿也貼心，孫子女們更是早晚阿公阿媽的喊個不停。完全是千金難買、闔家樂融融的氣氛。

但終究是隔代，而且是顛倒過來的隔代。曾經是自己在家裡對子女們發號施令，並主導一切的重要角色。如今眼前竟然是兒子和媳婦在發號施令，反而自己已經被迫退居到幕後，且扮演著家庭中最不重要的角色。

這時候再想起失去的另一半，不僅見景觸情、特別感到孤單外，還深深地夾雜少了實質依靠的支柱和同時代知己的感受。於是失落的悲傷和孤獨的寂寞，全部都會湧上心頭。而夫妻感情愈好，且婚姻維持的時間愈長久的夫妻，這種喪偶憂鬱的情緒會愈顯得嚴重。甚至會覺得失去了另一半，自己活著也沒有太大的意義，而產生了不如隨他歸去的輕生想法。

如果獨居老人，他自己的環境和經濟能力還可以的話，為人子女者也不用太勉強喪偶後的父或母親，必須搬來跟自己住。孝心固然可嘉，但年長者願意固守老家，一定有他心裡對某個人的懷念。此外，在他已經熟悉和習慣的生活環境中，也可以過得更自由自在。

至於老人再婚的問題，國人更不應該用奇怪或歧視的眼光來看待這個議題。因為人的壽命都在延長中，如果將來每個人的平均年齡可以活到上百歲，則每個人的一生都有可能結婚好幾次。結婚絕對不僅僅是年輕人才能獲得的祝福，而是每個人在對的時間，找到對的人，甚至不對的時間，找到不對的人。但只要雙方有意願，還是都可以結婚並獲得祝福。

況且結婚證書只是一張紙，花錢就可以買到的東西。在美國拉斯維加斯的賭城，每天深夜都還有人在結婚；同樣地每天早上也都有人酒醒後，當場識破騙局而狠撕結婚證書。所以結婚對某些人而言，是意義深遠至死不渝的情感承諾；但對某些人來說，只不過是一夜情慾的滿足罷了。

上了年紀的人要再結婚，的確需要很大的勇氣。因為老年人再婚的意願和顧忌，可能會比一般的年輕人更多且更複雜。有一次我到一家養老院去做輔導的工作，社工人員興奮的告訴我：「元老爹結婚了！」

「哇！真的嗎？」我特地抽空跑去跟元老爹道賀，他老人家用著顫抖的手拿出他的結婚照，喜出望外地跟我炫耀著，他結婚的對象就是他的越南看護阿玲。養老院裡大家都有點擔心，這個越南看護可能是用偽造的身分來跟他結婚，目的是希望能夠獲取臺灣的居留身分吧！而元老爹這麼做，也未免太傻太好色了，這根本就是個騙局。

元老爹能活到這把年紀，也不是什麼省油的燈，他當然清楚一個年輕女孩，怎麼可能會願意跟一個糟老頭住在一起？他把大家背後議論紛紛的是是非非全都甩開。他坐下來喝了口水，把故事的真相娓娓對我道來。他的出發點完全是同情越南看護的身世。正如他說的，如果是出生在好人家的家庭，又何須離家背井、飄洋過海，不但寄人籬下又要看人嘴臉來討生活？目的不是為了要賺錢來養家活口，就是她在越南已經嫁錯了郎，必須自力更生。

越南看護阿玲流著眼淚告訴我，她很感激元老爹，會好好的把他當長輩照顧，直到為他送終為止。而元老爹則帶幾分傷感地說，也許這是他生前能夠做的最後一件善舉。

活到老愛到老？老年人再婚的顧忌與阻礙

銀髮族絕對有權利擁有第二春，
但是現實上會遇到許多尷尬的處境。
畢竟婚姻不是兩個人的事，而是兩家人要去面對。
因此要有心理準備，再決定攜手同行。

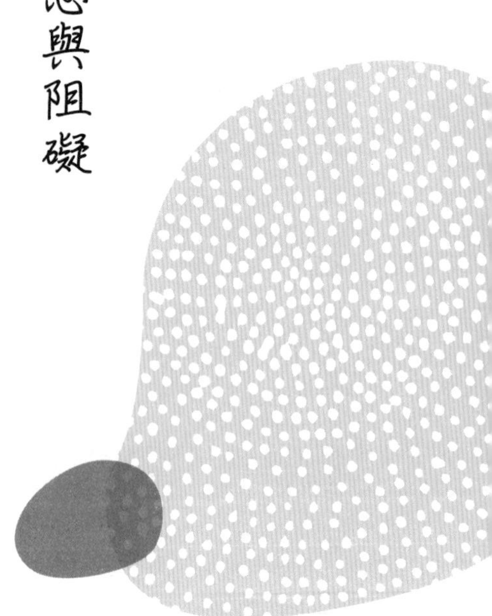

少年夫妻老來伴，但不少喪偶者至高齡階段卻必須面對孤獨。要再找個伴嗎？遇到適合的對象後要再婚嗎？先看看下面關於老年人再婚會遇到的顧忌與阻礙。

親朋好友們的流言蜚語

有誰人前不說人，而背後不被人說的？嘴巴長在每個人的身上，任憑高興怎麼說就怎麼說。而天生好惹事生非者，更不會因身分和學歷的高度不同而有所差別。

所以才會有「我跟你說，你不要跟他說。是我跟你說，不要說是我說的。」的是非繞口令。何況古有「曾參殺人」的先例。我曾經見證了一段好姻緣，但真的因為親朋好友們的流言蜚語而作罷。

陳林二府結為親家，陳家的新郎是由他的單親爸爸把他栽培養大，而林家的新娘則是由她的單親媽媽一手帶大。

婚後兩位年輕夫妻，分期付款買了屬於自己的窩。平時各自忙著上班，但到了假日就會分別拜訪或探望雙方的父母親，或者四口像一家人似的，開心地聚會在一起。可是沒有多久，左右鄰居就開始議論紛紛，甚至於背後訕笑他們，是買一送一，父子母女湊成雙。

害得女方的家長為了避嫌，連女兒坐月子的事，也都只好委託月子中心代為處理。雖然男方的親家一直鼓勵對方，不要太在意這些無謂的謠言。但女方的家長就是受不了流言，而選擇退縮，甚至拒絕往來。

後來這位親家公，因為無預警地得了急性肝癌，不幸地先走了。參加了他的公祭後回到家，女方的親家母獨自躲在房間裡，傷心地放聲大哭。原來他們對於彼此都有好感，而自從親家母開始婉拒了所有的家庭聚會以後，男方的親家公仍然不放棄，採用寫信或傳簡訊的方式，繼續追求女方的親家母。可惜天不從人願，英年早逝。

子女們的反對

不少的子女們，會認為長輩的年紀已經這麼大了，就應該頤養天年及含飴弄孫。又不是子女不孝順，或是養不起老人家，幹嘛還要自找麻煩再婚？而且原本的家庭環境，及家人已經習慣的生活方式，都極有可能會因為長輩的結婚，帶來了許多晚輩們意料不到的衝突或麻煩。

但我也有幾個案例，則是子女們都贊成，但反而是長輩當事人的意願並不高。總之，還是要奉勸為人子女者，不要太自私。老人家的生命終究有限，應該要為他的幸福著想並尊重他的意願。

要考慮財產分配及繼承

記得我四十歲喪偶，從此一個單親媽媽要撫養著三個小孩。辛苦與掙扎的心路歷程，真的非過來人，不足以領略一二。在我四十五歲的那一年，因緣際會認識了一位事業正在衝刺、並期許不久後公司就可以掛牌上市的企業家。

他對我求婚的時候，關於經濟保障方面，開出的條件我認為已經相當的不錯。例如會為我的三個子女各自在銀行開戶，並立刻存入一千萬新臺幣；而將來他的財產，我將以未亡人的身分繼承一半；最重要的是我創立的公益團體，他願意全力支持等。

不論是他個人的人品還是他的誠意，都令我相當心動。可是經過沉思，他的前妻也留下了四個小孩，而且年齡都比我孩子大很多。甚至我和他結了婚後，不久就可以升格為婆婆或阿媽。如果我答應了，難道他的兒女以及未來的媳婦和女婿們，不會因質疑我的居心叵測而處處防範？至於我的三個子女，小小年紀就失去了父親，接著可能就要面對母親的再婚，以及得重新適應一位事業出色、環境優渥，卻沒有太多時間可以陪伴和關照他們的繼父。

即使在擁有千金的同時，恐怕連母愛也得割讓，這對他們而言情何以堪？我最後還是選擇婉拒了這樁婚事，至今仍不後悔。因為我的子女們在苦難中成長，學會了更自立自強。老年人再婚的時候，牽涉到財產的分配和繼承權的問題及範圍會更廣，因此必須做好妥善的安排。免得還沒有享受到天倫之樂，就活生生地看著晚輩們為了爭奪財產，而對簿公堂的悲劇。

繼父母的角色難為

有個經常用來揶揄單親家庭再婚的窘境，就是「你家的小孩和我家的小孩一起在打我們家的小孩」。尤其年紀大了再婚的話，面對的將是雙方的子女都已屆適婚的年齡，或是已經成家有了下一代。因此彼此的身分都是主動升格變成了公婆層級。

一般而言，當繼父和公公的角色會比較單純、也比較好適應，但是當繼母和婆婆就不一樣了。我有一位姊妹淘，六十八歲的那年找到了第二春，並開心的結婚了，同時也獲得了雙方子女們的祝福。

老公對他很好，幾乎什麼都聽她的，但她心中總是有疙瘩。因為繼女和繼媳婦，經常會拿老公的前妻作比較，雖說者無心但聽者有意，終究出了問題。

例如燒同樣一道菜，老公和繼子會一面扒着飯、一面稱讚好吃，可是女兒就會左一句：「如果是我媽，她不會放這麼多大蒜，反而會用薑絲。」右一句：「還不錯吃啦！但是比起我媽的功夫還是差一截。」

而繼媳婦則像是檢察官一樣，總是在話中找碴。有一次，她提醒丈夫不要吃太多肥肉，免得血壓又升高了，沒想到這時候媳婦馬上接著說：「有什麼關係呢？婆婆以前常說，要大口吃肉大口喝酒才像個男人。」

我這位姊妹淘經常會用大人不記小人過來安撫自己，而且丈夫的前妻也的確是一位賢慧的女性，自己用不著跟一個已經去世的人吃味兒。她不喜歡因為小事跟丈夫訴苦，更不敢讓自己親生子女知道自己所受的委屈，所以就讓負面情緒一直壓抑著。可是這種心結積壓久了有礙健康，果然她最後還是得到了憂鬱症。

生母和繼母、婆婆和媳婦，因為感情的親疏有別，當然不能相提並論。但因為身分、角色各不同，所以不論是無心還是故意，最好都不要拿來比較，這是既不公道也不公平的事。

性功能造成的自卑感

有人開玩笑說，男人的一生最值得驕傲的兩件事，就是擁有一張有頭銜的名片和身強體壯的性功能，其實兩者都是虛榮心的作祟。因為人都會老，雖然有些男人到八、九十歲還有性功能，但那幾乎是少之又少的個例。一般的男人在六、七十歲以後，性功能就會漸漸的衰退。尤其得了攝護腺腫大或癌症手術後，更是明顯。

少年夫妻老來伴，有一部分指的就是年輕時夫妻的性生活相當重要。但年紀大了以後，應該更重視的是精神的層面。我有一位久違的老朋友，有一天在路上偶遇，馬上把我抓到旁邊去談她的問題。原來她在社區大學愛上了一位老紳士的同學，她主動追求他，而對方也熱情的回應，因此他們做了好久一段時間的戀人。可是當她跟對方提起，同居或結婚的事情時，對方都採取逃避的方式，並故意避開話題。

後來在她氣急敗壞地追問下，對方才面有難色地告訴她，他年紀大了，有性功能的障礙，因此怕不能夠滿足她的需求。她也明白的告訴對方，自己是可以無性生活的女人。何況年紀已經都一大把了，有沒有也都無所謂，但對方就是沒有信心。

害怕個性不合，離不了婚

年老了以後，經常會因為忍受不了孤獨和寂寞想找個伴。但很多老人家的心態是作伴可以，但不希望結婚。而且人愈老，個性愈難改。尤其都已經是養成快一輩子的生活習慣，卻要因為某個愛人而硬要去改變的話，實際上是有困難的。

我朋友的父親從年輕時就養成了兩個寧死不屈的嗜好：一是抽菸、二是打牌。由於抽菸已影響到他的健康，不得不早早戒掉，所以現在只剩下打牌的嗜好。我朋友的母親已經去世快三十年了，他父親也曾經交過不少女朋友，但只要一開口勸他戒賭，過幾天他們的戀情就吹了，甚至連朋友都做不成。

他父親有他的一套人生哲理，他認為年輕的時候因為衝動，被愛情沖昏了頭所以想結婚。到了晚年還想結婚，也許是真的找到了知己。而知己除了要思想和價值觀差不多以外，至少也要興趣相投、而連體臭也可以接受才行，否則不如一個人過日子還爽快些。

白阿姨是他母親生前的姊妹淘，一直是單身。近年來經常會來找他父親聊天，有時候甚至會熱心地在家裡為他做飯、清理房間。由於她的背景單純、人又好，所以大家都鼓勵他們在一起。可是父親就是久久不能下定決心，甚至有一陣子還故意跟她保持距離，並刻意疏遠。

他不禁好奇地問起父親這檔事，父親才坦白的告訴他，白阿姨什麼都好，但就是不了解父親真正的需要。父親同意她什麼都可以管，但就是不應該要管他打牌。打牌既然是父親唯一的嗜好，而她卻硬要剝奪。父親說：「像這種女人，怎麼可能會跟她結婚？甚至連當朋友都是多餘的，因為話不投機半句多。」

最後我朋友的父親，還是跟一位他們稱呼李阿姨的女朋友同居住在一起。

家裡每天都開兩桌麻將，父親一桌，而李阿姨另一桌，也經常看他們吵吵鬧鬧的。可是父親告訴他，樂趣和奧妙就在其中。

面對衰老的同時，也會失去對感情經營的耐性和執著。因此，合則聚，不合則離。了無牽掛，瀟灑一點，恐怕也是高齡者另外一種想擺脫生命有限的束縛吧！

瀟灑從容的提早準備身後事

死亡既是人生必經之途，也是躲不過的命運。
正常的死亡過程非常平和。
我們若可以感知到死亡，可以為此做準備，是非常令人安慰且幸福的事情。

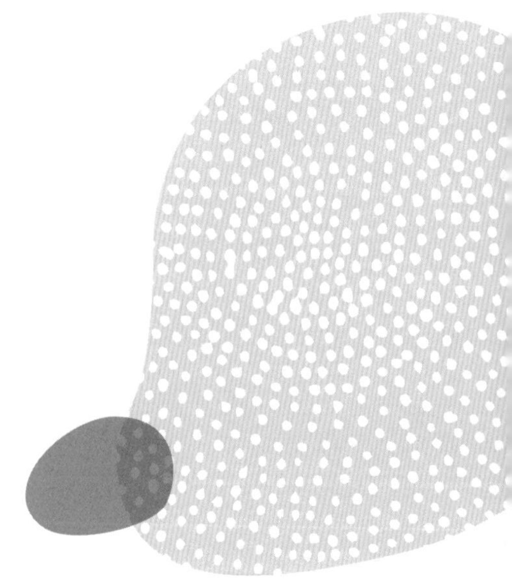

以前老人家教我們如何做好人際關係的時候，常說的一句話就是：「逢人減歲，逢物添價。」但當時都無法領會其中的涵義。一直到出社會愈久，應酬的機會愈多，再加上年紀大了，才能真正體會即使是假的、是諂媚的、甚至是虛偽的讚嘆，但在對大家無損的情況下，何樂而不為呢？

愛現或愛炫耀都是人性的一部分，只是顯性和隱性罷了。舉例來說，有一次母親興高采烈地從市場買了一個大西瓜回來，結果西瓜不甜。當大家七嘴八舌的在批判的時候，指的是西瓜本身，是對事不對人，但母親居然生氣了，反嗆大家：「到底這個賣西瓜的是得罪你們什麼？要被你們說得如此一文不值？」其實母親不是在替賣西瓜的攤販辯護，而是因為自己買錯了西瓜而惱羞成怒。如果當時只要有人表示：「西瓜雖然不太甜，但汁多也是很解渴。」或是「這麼大的西瓜買到這種價錢，已經算是撿到便宜了，怎麼還可以貪心的想要很甜？」之類的話語，也許母親就不會如此生氣了。

所以如果有親朋好友，要你猜猜看他買的東西值多少錢的時候，記得一定要添價。明知道可能是夜市買的只有五百塊錢，但你一定要多加一個零猜五千塊。也許太誇張了，但對方一定會很開心，表示他自己很會買東西，而且物超所值。

相對的，當有人要你猜猜看他幾歲？尤其是女人，你一定要減歲。即使對方看起來就是五十多歲，但一定至少要減個十歲，再告訴她：「我看妳最多只有四十出頭。」相信對方除了開心以外，一定會對你心存感激。反正，信者恆信，不信者恆不信。

善意的謊言對於高齡者十分受用，因此晚輩們有機會就要盡量多使用。尤其來自年輕人的讚美，更令老人家倍感溫馨。因為每一個老人家，不論身體是否健康，但對於自己的有限生命，總還是抱著無限的希望。

因此當有人說他看起來比實際年齡還年輕很多時，等於是無形中給他打了一針信心的強心劑。同時也給了他莫大的鼓勵，表示他還很年輕，所以應該離死亡的距離還很遠。

信心可以讓人發揮潛能且具有安定、振作和更上一層樓的力量，對於高齡者也不例外。因為雖然年紀大了，病痛不斷，身體健康也愈來愈衰弱，心裡當然很清楚，面對死亡的挑戰是早晚的事情，但也希望能多一天算一天。

舉辦公開的生前告別式

我曾經有感於出生沒得選擇，而死亡也好像沒什麼尊嚴，所以原本計劃在六十歲要做一個公開的生前告別式。但到今天超過七十歲了，居然還沒有辦成，其原因有二。

第一個原因是，當我把這個計劃告訴我的母親時，我的想法其實是很簡單也很單純，只是希望打破傳統，成為臺灣第一個辦生前告別式的女性。但卻因為自己的自私和草率，沒有關照到父母親被突然莫名戳痛的心情。母親只是冷冷的回應我：「等我們走了以後，你再辦也不遲。」父親則嘲諷我：「我跟妳媽也需要買門票去參加嗎？」

第二個原因是，老朋友名作家曹又方，當時已得了癌症，而我把這個想法告訴她的時候，一開始也是被她以無聊而數落了一頓。但最後，她卻反而希望我能夠把這個點子和機會，先讓給當時已被確認是癌症末期的她。

記得她的生前告別式辦得很溫馨，同時也是她精選套書的簽名會。我上台致詞後，深深的擁抱著她。我流著淚，不捨地在她耳邊輕輕說：「親愛的好友，永別了。祝妳一路好走，我沒有勇氣再送第二程，今生和來世我都愛妳。」一面對死亡，她的勇敢和瀟灑至今一直令我佩服不已。

直到今天，我並沒有放棄要打算在七十五歲時辦生前告別式這件事。而且希望整個過程不是悲傷的氛圍，而是溫馨中帶有幽默人生的一場秀，而且還可以賣門票並將全部收入捐助給公益團體。等到告別式尾聲，我再以未亡人的身分出現跟大家道謝。做完告別式後，若某年某月的某一天我死了，除了子女侍側外，就不另公開發訃文。但若可活到八十歲，那麼我將再辦另一場。

我還異想天開地想請鄭弘儀和于美人兩位超級巨星來當主持人，沒想到他們竟然都爽快的答應，卻有但書。只准一次，沒有下一回。但我心想沒關係，因為苦苓和魚夫（林奎佑）已預約主持另一場了。

自從這個構想被廣泛傳遞出去以後，竟然經常會碰到友人幽默問我：

「喂，妳到底什麼時候才要死啊？」

知名體育記者傅達人前輩，八十多歲高齡的他，因為病痛纏身多年苦不堪言。因此公開建議，希望政府能夠開放安樂死的政策。幾次的記者會及抗議無效後，他最後在家人的陪同下，選擇到瑞士以身示範，並在面對攝影鏡頭前，喝下了醫生為他專門準備的安樂死藥。

這則新聞引起了國內外華人的重視，也引發了高齡者對於死亡選擇權的重視。死亡的威脅固然令人害怕，但不敢真正的去面對才更令人擔憂。

該留下哪些，身後作紀念

我有次去拜訪一位長者，他正在忙著整理桌上一堆堆疊得滿高的照相簿。他見到我，居然很高興地要我幫他一起整理那些舊照片。大約有二十多冊的照片相簿，可是整理到最後，他只留下兩冊。其他的，完全沒有一點猶豫就往碎紙機裡面丟。我有點驚訝和不明白，為何這麼多都是有歷史價值的照片，卻不留給他的一對子女做紀念？

他才略帶失望的口氣告訴我，前幾年他的妻子去世後，他就問他的子女要不要留些照片做紀念。但沒想到一對兒女的回話卻異口同聲，大致是說：「我們的照片裡，已經有很多是跟媽媽一起照的，我們只拿幾張比較有紀念性的回去，用電腦掃描一下再存檔就好了。至於其他的照片，大部分都是你和媽媽，還有你們共同朋友的合照，對我們來說一點意義都沒有，所以就留給爸爸你自己保管吧！」

我只好用另外一個故事來安慰我這位長輩。我在菲律賓唸碩士的時候，同學貝兒的母親曾是國會的參議員，非常的出色也很活躍，他們家是典型成功的政治世家。有一次我們去參觀她家，是座落在碧瑤松市的豪華別墅。當時我看到他們家牆壁上掛著一張張美國著名人士的照片，包括了美國總統、紐約市長林賽，還有影星伊莉莎白泰勒等。

我帶著羨慕的眼光跟她說，這些照片真的是太珍貴了。她冷冷的笑了一下，帶著我往地下室去看一個用黑檀木雕刻的精緻五斗櫃。打開抽屜一看，全部散裝着她父母生前和社交名流們的照片。

對我來說簡直是劉姥姥進大觀園，從來沒有機會可以看到這些大人物的照片。可是貝兒卻雙手一攤，無奈地告訴我：「我們家就只有我這個獨生女，而我又沒有結婚，你跟我說，我要這些照片幹嘛！我到現在還真的不知道該怎麼處理這些照片。」

長輩聽完我的故事分享，似乎心情平靜了些。其實我們大家都沒有注意到，每次拍完照，在檢視照片的時候，幾乎每個人都只會專注的看自己，然後再順便去看看別人。可見人人都希望自己才是照片中的主角。因此不要以為自己在別人的心目中有多麼重要，尤其是在你死了以後。

臨別前，我還是好奇地再問一下長者，他為什麼還是留下了兩本照相簿？他靦腆地跟我說，其中一本是要留給自己放進棺材的，另一本都是他和孫子的合照，他想留給他當紀念。

雖然我的小女兒曾經跟我說，不管是我或是我們家族的照片，都希望將來能夠由她來保存。本來我想婉拒，因我告訴她我不希望她變成了貝兒，何況他們夫婦又是頂客族。所以我本來打算再過一陣子比較有空閒時，開始像我這位長輩一樣處理自己的照片。但女兒卻用現在是電腦時代，不用堆積相簿，且處理也不麻煩，之後大家可以世代擁有及分享……說服了我。更何況，人活著就是為了說故事，而照片就是故事的記載或題材。

許多的老人家到了晚年，看見子女成家立業後就開始退縮。用「老」把自己框住了，變得閉關自守，而孤立了自己，並害怕與外界多聯繫。完全失去了動力和行動力，更遑論創造力了。賈伯斯的遺憾在於為了追求財富而失去了真愛，而我個人根本沒有財富可以追求，當然更不可以失去真愛。

與兒女討論死亡的看法

幾年前我就開始召集我那三個已經成家立業、並分別居住在三個不同國度的兒女和媳婦、女婿們，共同商討並慎重地告訴他們，最好趁死神辦尾牙摸彩還沒有抽到我之前，我想要開始實施家庭年度聚會（Family reunion）的計劃。

利用一年一度十天的聚會和聯誼，把咱們過去在顛沛流離的單親歲月中，所流失的親情和幸福感，全部再一年一年地把它補追回來。

我活著的時候能辦幾次算幾次，我走了以後，希望他們也能繼續辦下去。我們已經連辦了四年，全家人的關係更緊密、感情更親密，彼此也更了解。

我不是刻意掃興，而是認為應該打破跟子女談論死亡的禁忌。因此，我每一年總是會利用聚會的這一段期間，陸續傳遞出我對死亡的看法。譬如臨終時，我不希望因為他們對我的不捨，卻讓我變成得經常進出醫院加護病房、且一絲不掛地扮演著被強制依賴著插管和機器的活死人。我最好能夠在熟悉的家中辭世……

而且我也告訴他們，自己已經在臺灣簽了放棄急救以及器官捐贈的意願書，而且我也會在遺囑中交代清楚。因為孩子們孝順，都希望我能夠活得久一點，所以一開始特別忌諱且排斥這些話題，並希望我不要老是談這些攸關死亡的議題。可是幾次下來，我發現我們之間已經漸漸有了些正面的認知與共識，而在心理上也開始正視他們的母親已經老了，而且離死亡會愈來愈近的事實。

因為死亡代表着永別，他們當然不希望也不願意，因為我是他們兄妹在世界上最大的精神支柱。若他們心理上毫無預警，或還沒有準備的前提下，有一天我突然永遠離開他們，對他們而言無疑是世界上最嚴重的災難。就因為我不希望如此，才用心良苦地提前開始這堂如何面對摯親死亡的課程。

而且如果人生過了七十歲，還選擇逃避，緘口不言死亡問題，也未免太自私、太懦弱、太不負責任了。既然死亡是人生必經之途，也是躲不過的命運，所以我也會跟子女們分享，一些友人在面對死亡的態度。我認識一位美容化妝師圓圓，每次基金會有重大的活動，必須粉墨登場時，我總是會找她幫忙。包括拍攝全家沙龍照也由她一手包辦，孩子們都認識、也很喜歡她。

從她在TVBS當專業化妝師時，因為我常去上節目，就和她結為忘年之交。沒有想到這麼敬業、乖巧又長得漂亮的女孩，竟然四十出頭就得到了卵巢癌。但她還是很樂觀地出來工作。每次我都會在她的化妝箱裡，偷偷地塞個紅包，給她加油打氣，鼓勵她絕對不要對生命放棄。

後來她的病情轉為嚴重，不能再出來工作，我還是會用手機鼓勵她。直到有一天我人在國外出差，我們辦公室的人打電話告訴我，圓圓她走了。有位男士受她之託，特別交代等她的後事全部辦理妥善，一定要記得來跟我道謝，感激我這二十多年來對她的關照。

我記得她生前的一次聊天，我開玩笑地告訴她說，我將來要樹葬，而且要葬在我們「麻二甲之家」大門口的榕樹下。然後再放風聲說我死後不放心，晚上「先生嬤」（安置中心的孩子們對我的稱呼）還會經常來巡防。如此一來，就沒有壞人和小偷敢來找我們的麻煩。

害得她差點笑破肚皮。但她表示她想海葬，我說大海太冷了，妳既是化妝師、又長得像花般的漂亮，應該要選擇花葬。結果她真的埋葬在陽明山的花叢裡，永眠在芬芳中。對於達觀的人而言，死亡不過就是選擇一個自己喜歡的地方，帶著微笑去休長假和睡長覺，而且再也沒有人世間的任何痛苦和煩惱。

今年我們的家庭聚會還在加拿大，由在地的女兒和女婿主辦。主要也是因為我年紀大了，已經無力再負荷長途的旅程，因此專程再飛來探望女兒一家的機會應該不多，也有可能是最後一次了。

因此女兒特別珍惜這一次我們相聚的時間。她們夫妻花了半年多的時間，利用工作之餘上網去搜尋資訊，才能以難得的好價格安排我們十幾口到加拿大的愛德華王子島PEI（Princes Edward Island）湖邊的別墅去度假。

此島上最大的特色，就是有紀念性的燈塔特別多。我們擺脫塵囂和世俗的一切，在草坪上和孫子們玩起老鷹抓小雞的遊戲（見圖二），晚上和臺灣媳婦及兩位洋女婿打衛生麻將，這種天倫之樂千金也難買。還特別安排去參觀加拿大女作家露西．莫德．蒙哥馬利（Lucy Maud Montgomery）的故居。她的長篇小說《清秀佳人》（*Anne of Green Gables*）被拍成電視影集。看見很多亞洲的女性粉絲都不遠千里，以朝聖偶像的心情到此一遊。讓我意外聯想起，小女兒小學時，我送給她的第一本由夏綠蒂．勃朗特（Charlotte Bronte）所寫的英文小

·圖2

說《簡．愛》（*Jone Eyre*）。此書一直被視為愛情故事的典範，以及女權宣言中的華章，她更是維多利亞時代偉大的小說家。

而我自己接觸到的第一本西方文學作品，則是在小學六年級的時候，由珍．奧斯汀（Jane Austen）寫的《傲慢與偏見》（*Pride and Prejudice*）。她是十九世紀英國及世界文學史上最具有影響力的女性文學家之一，終身未婚，是相當有個性的女性。

她給我另一深刻的印象是關於死亡。當她臨終時，其姊問她還需要什麼？她說：「我只要死亡。」離開前，我坐在露西她家入口的石板階梯上，眺望前方的廣大森林，內心深處向三位可敬的女性作家們吶喊並祈願：「假如我還有餘生，希望也能夠寫本關於女性的小說。」

人的一生幾乎都是在跌跌撞撞和傷痕累累中，爬起來再破牆而出。因為沒有人能解開「前世」的因果，也沒有人知道真的有「來世」，所以我們要用開放的態度來善待「現世」的每一天。如果能做到今日生乃幸福，而今日死則圓滿矣，也許正是死亡對生命的意義所在。

人生既然沒有不散的筵席，那麼死亡對於我們更是無足輕重了。因為當我們存在的時候，死亡還沒有來；但等到死亡時，我們已經不存在了。出生到死亡也許需要很長的一段距離。生是一種動態的持續，而死卻是永遠的。因此我們要珍惜活著的每一天，而且要好好的活，因為我們會死亡很久很久……

就如英國臨終關懷醫生凱瑟琳．曼尼斯（Kathryn Mannix）所說：「正常的死亡過程是非常平和。」我們可以感知到死亡，可以為此做準備，我們應該為此感到安慰。我想我是一個有福氣的人，因為我有勇氣跟我的子女討論死亡，並隨時為自己的死亡做好準備。

保有臨終的尊嚴，才能優雅的告別

不論醫療器材再怎麼先進，醫療人員醫術再怎麼高超，
現代醫療終究無法治癒高齡。
唯有了解「人老了，到底是怎麼一回事？」
才能安心變老，漫步到人生盡頭。

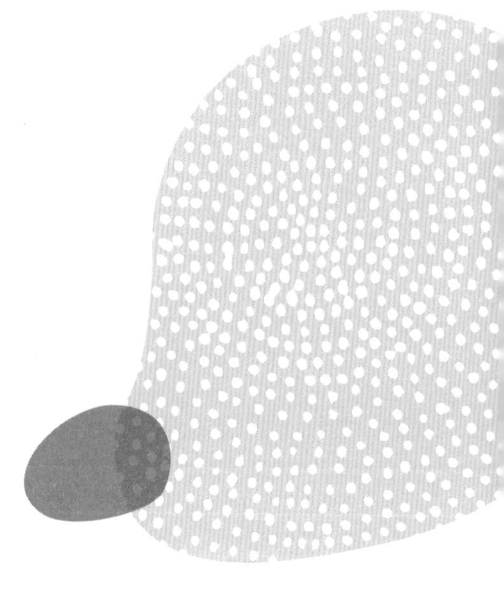

現代醫療對我們是恩惠？還是折磨？

我要特別推薦臺灣商務印書館二〇一八年出版的《優雅的告別》（*A Good Life to the End*）。此書是由澳洲加護醫學科醫師也是教授的肯・修曼（Ken Hillman）所著。他說：「很多疾病無法單靠醫學來控制或者治癒。倘若一味仰賴醫學來處置健康的一切毛病，恐怕會蒙蔽了我們對生老病死的正確觀念，迷失在永生不朽的想望中。」因此，請大家學會用理性的悲觀，而非用虛妄的樂觀去看待事情。

對老化、臨終和死亡議題避而不談的結果，就是有一天我們不得不面對這些狀況時，很可能不曉得自己該怎麼做。這不是一個簡單明瞭的議題，尤其是在病人毫無意識，而旁人必須根據他的健康、存活率、長期行動力和生活品質做出判斷時，更是如此。

除此之外，萬一你沒事先指定一名代你決定這些重大決定的代決人，而讓其他自以為知道你意願的人替你下決定，那麼當意外發生時，你和你的至親很可能皆會因此蒙受其害，因為他們的決定不見得能正合你意。再者，一般人在做這類決定時，通常都會傾向採取保守作法，也就是選擇持續進行積極性治療。此舉或許會迫使你以一種絕對不想要的方式存活於世，並讓做出這些決定的人承受極大的罪惡和焦慮感。

「預設臨終照護計畫」（advanced care planning, ACP）和「生前遺囑」（Living Will），就是指這種事先討論你人生價值和臨終照護喜好的行為。過程中，你可以跟醫療照護人員、家庭成員和你人生中的其他重要人物，一起討論這些決定。萬一有一天你無法表達自己的意願，他們就可以依據你在討論過程中擬定的這些協議，為你選擇醫療處置的方式。

選擇一間好醫院，著實比選擇一位好醫師難上許多，因為它會牽制到很多因素。但可以肯定的是，美味餐點和單人病房應該是我們考量的末項。說到選擇一位好醫師，你可以四處打聽醫師的評價。假如你要做的是非緊急性手術，此舉可以大大提升你找到好醫師的機率。盡完一切人事後，接下來我們能做的就是聽天命了。

老化不是一種疾病，而是許多疾病衍生的原因

儘管每天我們都被鋪天蓋地的醫療奇蹟淹沒，但整個醫療體制卻已經漸漸失去了主要功能。現代人愈活愈老，不僅僅醫療奇蹟對我們衰老的健康狀態起不了作用，而且整個醫療體制仍遵循著我們一百多年前創建的原則來運行。

醫院慢慢開始以一流的現代醫療保健機構自居，裡頭匯聚了各種新穎的醫療科技和優秀人員。原本位居整個醫療體制核心角色的家庭醫師，現在只是整個醫療體制的邊緣人物，僅醫治一些小病小痛。一旦病人出現什麼大狀況，現行的醫療體制就會要他們把病人轉介給專科醫師。

往日的醫療體制是為只有單一疾病的青壯年打造的，後來醫界人士更依據病症出現的部位，例如心臟、肺臟、大腦、腸道、骨骼和關節等，各自創建專屬的醫療科別。

至於之後，每一位專科醫師所受的訓練、讀的教科書、鑽研的期刊、參加的研討會和相處的同儕，都會只跟他主攻的醫療科別有關。醫療的專業學會和

管理機構也會以此為劃分的標準，醫療研究的主題則愈來愈專注在單一器官的奧祕。而媒體也會依此關注、報導各種突破性的救命醫療。

然而，就在大眾沉浸在醫療奇蹟的浪潮中時，卻沒發現就醫人口已經出現了巨大的變化。現在醫院裡的多數病人都年過七十，其中更有不少人的年紀比這還大上許多，即將走到人生的盡頭。而今，對這些年長的病人來說，這些依照舊有原則劃分醫療科別的醫療體制，早已不合時宜。

現在的醫療人員和年長者之間的關係，就跟當時的波蘭軍和德軍有異曲同工之妙。當時整個醫療體制還是遵照往日以「單一疾病」的原則分工，將所有科別劃分為「內科」和「外科」兩大科別，然後再依據身體部位細分為不同的專科之際。現在這群被救護車載入醫院的年長病患，身上的病痛卻不只「一種」，而是有「數種」因老化衍生的疾病，讓這些專科醫師根本使不上力。

縱使是老年病學科醫師，也不見得有辦法好好面對這群新占據醫院空間的年長病患。畢竟，他們和其他專科醫師出自同一個培訓體制，所以「讓病人的病況好轉」也是他們行醫的核心目標。因此你會發現，這些醫師就像是宣誓過一般，幾乎誰也不敢跟你提起「臨終」這個話題。也沒有人會跟病人說：「聽著，你的這身病痛可能都是因為你年紀大的關係。」因為這是一種承認自己對病人病況束手無策的行為。所以不少醫師還是持續對這些年長病人施作更多檢測、投予更多藥物，甚至考慮為他們動大手術。

舉例來說，現在醫院裡有將近三分之一的緊急呼叫，都是為了救治臨終的年長病人。而這些年長病人身上沒有可以被治癒的疾病，有的只是一副因正常老化而即將回歸塵土的身軀。至於那些順利在醫院救治下存活的年長病患，有高達一半會在十二個月內因高齡離世。這些不幸的長者很多都在出院後，深受類似創傷後壓力症候群（PTSD）的症狀所苦。

這些事實猶如當頭棒喝，清楚地告訴我們，不論醫院裡的醫療器材再怎麼先進，醫療人員再怎麼醫術高超，現代醫療終究無法治癒高齡，甚至對它沒有半點成效。但我們卻一直把這些無效的醫療體制施加在這些長者身上，讓他們和家人飽受折磨。

晚年的尊嚴，無關醫療

所以我們的下一步該何去何從？大家理所當然會認為，要降低長者在臨終之際的遺憾，就是要將他們轉介給安寧照護醫師。乍看之下，這似乎是個充滿關懷的實際選項。當醫學對年長者無法發揮功效時，就把他們交給安寧照護醫師照顧。

事實上，這個選項可能並非如想像中那麼實際。因為全世界的安寧照護資源，根本不可能照顧到每一位生命即將走到盡頭的長者。另外，安寧照護的宗旨是確保病人在生命末期，不會因為疾痛而受到折磨。但是絕大多數長者在晚年，並沒有任何疼痛或是不適的症狀。換句話說，醫療並不是他們所需，他們要的是根據自己的意願選擇治療地點。他們想要在親友的陪伴下度過餘生，他們想要保有一定程度的活動力，他們想要有人為他們維持整潔並打理三餐，他們想要擁有尊嚴和驕傲。而這些，全都無關乎醫療。

因此，請讓我們好好傾聽長者的聲音，了解他們在人生即將謝幕之際，想要的是什麼，不想要的又有哪些。然後根據「他們」的需求，規劃出一套真正符合他們所想要的照護和支持系統。

《優雅的告別》一書對於我能理性看待死亡有很大的啟示，也給了我很大的勇氣和信心來為自己安排後事。更重要的是，能夠獲得子女們的諒解和合作，避免造成兄弟鬩牆的壓力或不必要的後遺症。

再難爬的崎嶇山路，終有攻頂的一天；相對地，再豪華舒坦的列車，也得在終點站下車。生命有如道場，而人生只不過是一場夢；長眠後，當靈魂再次甦醒時，可能又是另一個人生的嶄新開始。

當大家都在好奇追問：「人老了，到底是怎麼一回事？」正是我寫此書的動機，且倚老賣老的分享——老了，原來不過就是這麼一回事。

心安就是好命，心寬就是維他命，願與大家共勉之。

國家圖書館出版品預行編目 (CIP) 資料

黃越綏的高齡快樂學：「老」就是這麼一回事！ / 黃越綏著. -- 初版.
-- 新北市 : 臺灣商務, 2020.10
面； 公分. -- (黃越綏作品集 ; 4)
ISBN 978-957-05-3285-2(平裝)

1.老年 2.生活指導

544.8 109012141

黃越綏的高齡快樂學：「老」就是這麼一回事！

作　　者—黃越綏
發 行 人—王春申
選書顧問—陳建守
總 編 輯—張曉蕊
責任編輯—劉柏伶
特約編輯—葛晶瑩
封面設計—李東記
內頁排版—菩薩蠻電腦科技有限公司
行　　銷—劉艾琳、蔣汶耕
影音組長—謝宜華
業務組長—王建棠
出版發行—臺灣商務印書館股份有限公司
地址：23141 新北市新店區民權路 108-3 號 5 樓（同門市地址）
電話：(02)8667-3712 傳真：(02)8667-3709
讀者服務專線：0800056193 郵撥：0000165-1
E-mail：ecptw@cptw.com.tw
網路書店網址：www.cptw.com.tw
Facebook：facebook.com.tw/ecptw

局版北市業字第 993 號
初版一刷—2020 年 10 月
初版17.9刷—2024 年 3 月
印 刷 廠—沈氏藝術印刷股份有限公司
定　　價—新台幣 350 元
法律顧問—何一芃律師事務所